Michael Altmoos

Der Moosgarten

Gedruckt auf
100% Recyclingpapier

Michael Altmoos

Der Moosgarten

Naturnah gestalten mit Moosen

Praxiswissen • Inspiration • Naturschutz

pala verlag

Dank

Dieses Buch widme ich meinen Eltern, Liane und Robert, die mich früh zu Naturblicken und Mitgefühl auch in Details anregten, aus denen Liebe zum Leben und auch zu den kleinen Moosen folgten: Zuerst fiel ich auf sie, ganz weich, dann liebte ich sie, ganz viel.

Ohne Kontakt zu Moosen könnte ich vielleicht leben, ohne meine Familie nicht: Meine Frau Ursula korrigierte den ersten Text mit Scharfsinn, unsere Töchter Sarah und Elisa wirken ganz praktisch im Moosgarten mit. All ihre unterschiedlichen Blickwinkel sind eingearbeitet. Die »Mooskraft« trägt uns als »Museumsfamilie«, und ohne sie wäre auch das Buch sinnlos.

All den vielen Menschen, Kolleginnen und Kollegen, denen ich in den letzten Jahren bei Naturschutzarbeiten, bei mir im Museum und Moosgarten begegnen durfte, danke ich. Viele haben mich in unzähligen Gesprächen inspiriert. Ohne solch vielfältige Begegnungen gäbe es keine Neuerungen – und nicht dieses Buch.

Dem Mooswissenschaftler und Naturschutz-Kollegen Dr. Steffen Caspari bin ich dankbar für wertvolle Fachberatung. Dr. Wolfgang Hess vom Zenkloster Liebenau schenkte mir Anregungen zur japanischen Moostradition. An alle Fotografen richtet sich mein Dank für die schönen Fotos. Dem Team des pala-verlages ein großes Dankeschön: Es war eine perfekte Zusammenarbeit!

Möge das Buch zu Achtsamkeit mit Moos, zu Schutz und Entwicklung vieler Moosplätze in der Natur und vielen Moosgärten führen – das würde mich über bloßen Dank hinaus sehr glücklich machen.

Inhalt

Zum moosgrünen Geleit

Ohne Moos nichts los!

»Moos« meint bei diesem Spruch »Geld«, und das braucht schließlich jeder. Oft wird die Bedeutung von Geld aber überschätzt. Und die Bedeutung von echtem Moos unterschätzt? So bekannt dieser Spruch, so unbekannt ist oft das Moos. Es macht den Rasen kaputt, nicht wahr? Falsch. Moos ist mindestens so wertvoll wie Geld, betrachtet man seine Leistungen umfassender. Überrascht? Das ist gut, denn dieses Buch will die Faszination für Moose wecken und ihren Wert beleuchten. Es will zum wundervollen Gestalten mit Moos anregen, sogar Naturschutz mit den grünen Polstern verständlicher machen, aber auch den Blick öffnen: Denn das Kleine und das große Ganze sind eng miteinander verbunden.

Mit Moos geht's los

Ich lade Sie ein, mit mir die Welt der Moose zu betreten und darin Ihren eigenen Weg zu finden. Nehmen Sie an einem schönen moosreichen Platz in der Natur Kontakt zu Moos auf, vielleicht am sonst unbeachteten Wegrand. Oder möchten Sie einen Moosgarten gestalten? Moosgärten sind eine wundervolle Möglichkeit, schattige Flächen sinnvoll aufzuwerten. Moos soll dabei – das ist mir als Ökologe und Naturschützer wichtig – im Zusammenhang mit der ganzen Natur gesehen werden.

Dementsprechend werden in diesem Buch die Themenbereiche »Faszination Moos«, »Naturnaher Moosgarten« und »Naturschutz« neu kombiniert: Der durchgehende Text vereint Wissen, Unterhaltung und praktischen Rat, unterstützt durch persönliche Erlebnisse. Ausgewählte wissenschaftliche Aspekte und Praxistipps sind in Kästen zu finden. Ins schöne Blaue hinein geht es zu Interviews mit Moosen und mit ihnen verbundenen Geschöpfen, sodass Sie die Welt der Moose nicht ohne Humor auch in persönlichen Begegnungen erleben können: damit wir uns alle gut verstehen.

Bilder links: Moose und Wasser gehören eng zusammen: Wasser verzaubert zu jeder Jahreszeit das Moos, und Moos reinigt das Wasser. Auch darum genießen Menschen Moose.

Moos ganz groß – und doch begrenzt

Moose bieten so viele Möglichkeiten – und sind doch wie alles auf der Welt begrenzt, so auch dieses Buch: Es ist kein Fachbuch für Bryologie (Mooskunde), obgleich ausgewählte Fakten hinsichtlich wichtiger Zusammenhänge aufgegriffen werden. Es ist auch kein Bestimmungsbuch oder Verbreitungswerk zu Moosen mit speziellem Artenschutz. Dafür gibt es gute andere. Einige Moosarten, die für den heimischen Garten geeignet sind, werden aber kurz vorgestellt.

Das Buch darf vielmehr als ein Moosgarten im weitesten Sinne verstanden werden: zum darin Wandeln, zum Gestalten (Garten), zum moosgrünen Denken (Ökologie und Naturschutz) – und einfach zum Träumen im Moos. Ist nicht gar die ganze Welt ein Moosgarten? So gibt es überraschende Blickwinkel: Neues mit Altmoos.

Altmoos!?

Manche lächeln vielleicht, wenn sie bei einem Moosbuch den Autorennamen »Altmoos« lesen. Ich heiße wirklich so. Ein jeder stolpert ja mit seinem Geburtsnamen durch die Welt. Erstmals bewusst geworden ist mir diese Namensverbindung, als während des Biologiestudiums ein Praktikum über Moose anstand, sozusagen »mein erstes Mal« mit Moosen. Der Professor ging die Teilnehmerliste durch. Als »Altmoos« aufgerufen wurde, gab es ein Stutzen, dann Gelächter unter meinen Mitstudierenden – bis auf den Professor, der dachte, ich wolle seine ach so heiligen Moose ins Lächerliche ziehen und hätte mir den Namen ausgedacht. Seitdem lebe ich aber ganz glücklich mit dem Namen, der mich in Vernetzung aus Forschung, Praxis und Bildung quer durch mein so vielfältiges und spannendes Berufsfeld Naturschutz begleitet, und das nicht nur zu Moos.

Wer sich wie ich intensiv mit Natur beschäftigt, wird sehr demütig, wenn er das große Ganze trotz Tausender Schriften und Beobachtungen letztlich doch nur schwach erahnen kann. Man weiß, dass man nichts weiß – und ist im besten Falle doch nicht ganz ahnungslos. Ein befreiendes Lachen und Humor helfen beim Verständnis, auch über sich selbst. Ehrfurcht, Ernst und Empathie zur Natur sollen mit Freude, Fantasie und Kreativität zusammengehen.

Natürliches Moosaik am Fuße eines Baumes. Solche Vorkommen in der Natur bieten Inspiration, um eigene Moos-Kombinationen und eigene Moosaike zu gestalten.

Das ist Moos, so wertvoll!

»Hey, kann das grüne Zeug da jetzt weg?« – »Mensch, lass es sein, das ist Moos, so wertvoll!« Wenn das Ihre Antwort ist, haben Sie das Buch bereits gelesen. Und wenn sich die altbekannte Frage des Gärtners: »Wie krieg' ich nur das Moos los?« umdreht in: »Wie krieg' ich nur das Gras aus dem Moos los?«, hat Sie sogar meine Begeisterung für diese Pflanzen angesteckt.

Moos wird hier aber nicht als etwas Besseres gepriesen, sondern als etwas Eigenes. So wie jede Leserin und jeder Leser einzigartig ist und sich durch dieses Buch zu etwas Besonderem anregen lassen darf: im Kopf. In den Blicken. Mit allen Sinnen! Aber bitte mit Moos. Auch Altmoos. Danke, Freunde!

Michael Altmoos

Moose verstehen

Moos-Magie

Ökologische Funktionen

Darum Moos!

Hast du schon jemals Moos gesehen?
nicht bloß
so im Vorübergehen,
so nebenbei von obenher,
so ungefähr –
nein, dicht vor Augen, hingekniet,
wie man sich eine Schrift besieht?
O Wunderschrift! O Zauberzeichen!
Da wächst ein Urwald ohnegleichen
und wuchert wild und wunderbar
im Tannendunkel Jahr für Jahr,
mit krausen Fransen, spitzen Hütchen,
mit silbernen Trompetentütchen,
mit wirren Zweigen, krummen Stöckchen,
mit Sammethärchen, Blütenglöckchen,
und wächst so klein und ungesehen –
ein Hümpel Moos.
Und riesengroß
die Bäume stehen ...

Siegfried von Vegesack,
Seine schönsten Gedichte

So beginnt ein Evergreen, das berühmte Moosgedicht von Siegfried von Vegesack. Das Wort »Evergreen« trifft eine zentrale Eigenschaft von Moosen. Diese Poesie ist gleichsam romantische wie treffliche Anregung zum genaueren Hinsehen. Manchmal ist der Kontakt mit Moosen aber profaner, ganz im Alltag verhaftet – Einblicke ins wahre Leben:

Mannheim-Vogelstang, 1979. Auf einem Rasen der Hochhaussiedlung im Vorort der großen Stadt spielen Jungs Fußball. Das Spiel ist wild. Einer von ihnen, 13 Jahre alt, gerade am Ball, versucht zu dribbeln. Einen, zwei, drei Kumpels hat er aussteigen lassen. Nicht ungeschickt. Der vierte ist zu viel. Doch ungeschickt. Der Junge strauchelt

Bild links: Auf Baumrinden aufsitzende Moose (epiphytische Moose) sind besonders häufig in luftfeuchten Bereichen, sie stellen Kleinlebensräume dar und nutzen meist dem Baum.

schon, als dieser ihn humorlos umgrätscht. Unfreiwillig artistisch fliegt der Junge hoch in die Luft. Alle erwarten nun das, was man in vielen Gegenden gehässig, in Mannheimer Sprache aber wohlwollend »auf die Fresse fliegen« nennt. Jetzt kommt der Bodenkontakt: doch kein Schrei. Gar nichts. Nicht einmal ein hörbarer Plumps. Denn der Aufprall geschieht genau an jener Stelle, an der sehr viel Moos wächst, geradezu ein Polster. Kurzes Lachen vom Rande, wohl weil die Landung mit der Nase voraus erfolgte. Unverletzt springt der Junge auf, schnappt sich schneller als jeder andere den Ball und läuft weiter, im Mundwinkel aber, lässig wie eine Kippe, ein Mooszipfel. Das Gesicht moosgrün angefärbt. So rennt er, glücklich aussehend, mit unbändiger Kraft auf den Torwart zu. Das Tor kommt näher. Ganz einfach und geradeaus: 1:0! Das Leben ist schön.

Zwanzig Jahre später, Te Urewera-Nationalpark, Nordinsel Neuseeland, 1999. Ein verliebtes Paar wandert durch die einsamen Wälder. Hohe knorrige Bäume, urtümliche Farnbäume, dschungelartig. Eine angenehme Frische und Tausende Variationen Grün gibt es hier. Nur ein schmaler Pfad führt hindurch. Sie sind allein. Gibt es einen schöneren Ort für eine Hochzeitsreise naturverbundener Menschen? Es ist ganz still. Sie wandelt langsam weiter, genießt den Blick auf die bemoosten Stämme. Er blickt sich um, betrachtet den Boden. Auch dieser ist durchgehend von Moosen bedeckt. So etwas hat er in dieser kraftvollen Intensität noch nie gesehen. Wie von Geisterhand geführt, verlässt er ein Stück weit den Pfad ins Moos hinein. Wird es ihn verschlingen? Nein, es schwingt nur leicht, ganz angenehm. Irgendwann hat er das sanfte, weiche Gefühl schon einmal gespürt, ganz kurz, wohl als er ein Junge war. Jetzt aber ist er in einer anderen Welt: Das üppige Moos trägt ihn, vermischt sich mit dem schillernden Grün der Umgebung. Seine Frau ruft nach ihm. Sie schweben einander zu? Im Moos. Das Leben ist schön.

Erneut zwanzig Jahre später, Staudernheim an der Nahe, Rheinland-Pfalz, 2019. Ein nebliger, schneeloser Spätwintermorgen. Die Sonne blinzelt schlaftrunken durch das Grau. Ein Mann tritt, wohl auch noch schlaftrunken, durch ein Eisentor in ein Waldstück, das früher ein Steinbruch war. Heute ist es eine Wald-Wildnis, die er mit seiner Familie in ein lebendiges Museum für Naturschutz verwandelt hat. Er ist allein. Halt, da ist was. Er bleibt stehen. Ein Geräusch, ein Rascheln? Folgt ihm jemand? Sein Körper spannt sich. Da sieht er ein Eichhörnchen weghüpfen, eine Walnuss im Mäulchen. Die Spannung löst sich so schnell, wie sie kam. Lächelnd folgt er dem Tier. Nach wenigen Schritten, umringt von hohen Bäumen, erreicht er die Moosfläche. Sie leuchtet magisch grün. Das Grau des umgebenden Winters verliert sich in vager Ahnung. Mittendrin vergräbt das Eichhörnchen die Nuss. Der Mann seufzt, als er sieht, wie das Tier ein großes Moosstück herausreißt, wie es in die Höhe fliegt. Doch Moos ist robust. Hier hat er vor fast zehn Jahren den Anfang gemacht, versuchsweise einen kleinen Moosteppich angelegt. Heute ist es ein großer Moosgarten. Als »Moosgärtner«

Moosbegriffe und ihre Bedeutung *Moos-Wissen-Blickpunkt 1*

- Moose sind **nicht vaskulär**, sie haben keine Gefäße: Wasser und Nährstoffe nehmen sie nur über die Blattoberfläche auf. Es gibt keine inneren Leitungsbahnen. Der Transport innerhalb der Moose geschieht osmotisch von Zelle zu Zelle.
- **Rhizoide** (Würzelchen) sind bei Laubmoosen zwar vorhanden, dienen aber nur als kleine Hilfe der Befestigung am Untergrund.
- Moose wachsen (fast immer) in **Kolonien.** Je nach Aussehen wird volkstümlich (nicht fachlich) unterschieden in »Polster«, »Rasen«, »Decken« oder »Teppiche«.
- **Akrokarpe Moose:** Bezeichnung für Arten, deren Sporenträger (Sporophyten) nach oben wachsen = gipfelfrüchtige Arten. Diese Formen bilden tendenziell Polster und Rasen (Beispiel: *Polytrichum).*
- **Pleurokarpe Moose:** Bezeichnung für Arten, deren Sporenträger seitlich an den Pflanzen wachsen = seitenfrüchtige Arten. Diese Formen bilden tendenziell relativ flache Matten, Decken und Teppiche (Beispiel: Schlafmoos).

entwickelt er den Platz behutsam weiter. Mit jedem Atemzug, der beim Moos so frisch und unverbraucht wirkt, spürt er das Leben. Intensiv. Das gibt Kraft und Mut für den Alltag. Jetzt hört er die Stimme seiner Frau, die nach ihm ruft, nicht wissend, wo er gerade ist – oder doch wissend? Mit der Kraft des Mooses sind beide verbunden. Er geht zu ihr, die mit den Kindern vor dem Eisentor auf ihn wartet. Küsse, Umarmungen, Aufbruch zu den alltäglichen Erledigungen. In den neuen Tag, jeder zu seinen Aufgaben. Wie so viele Menschen überall auf der Welt. Diese Familie aber hat die Mooskraft in sich. Das Leben ist schön.

Intermezzo, das gerne verschwiegen wird, zehn Jahre dazwischen, Burgruine Koppenstein, Soonwald, Sommer 2009. Ein junger Mann läuft sportlich die alten Stufen hinauf. Vor einer Schießscharte ein kleiner Moosteppich: Genau darauf tritt er – und rutscht aus. Ein Schrei, nicht gerade wie ein Heldentenor, eher wie ein geisteskranker Rabe. Rückwärts fällt er drei Stufen hinunter. Gar nicht mehr sportlich sieht das aus, sondern selten dämlich. Aber Glück im Unglück: nur Prellungen. Diese schmerzen jedoch so richtig. Und das nur wegen Moos. Das Leben ist blöd.

Der Junge, der frisch verheiratete Mann, der Moosgärtner und der Ausrutscher – das bin ich selbst, in unterschiedlichen Lebensphasen. Moos begleitete mich zunächst unbewusst, dann nahm ich es fasziniert wahr, wurde Moosfreund, schließlich Moosgärtner. Moos ist ein guter Gestaltungspartner. Trotz Stürzen. Scheitern auch mit Moos. All das gehört zum Leben.

Aus dem Gedicht von Vegesack und meinen Altmoos-Erlebnissen folgen übertragbare Erkenntnisse: (1) Moos umfasst eine wundervolle Welt, blickt man genauer hin. Nicht nur für Romantiker. (2) Moos ist samtig weich, bildet anmutige Polster. Das dämpft auch so manchen Sturz. Nicht nur für Sportler. (3) Moos ist wohltuend grün, sorgt für besondere Momente. Nicht nur für Liebende. Nicht nur weit weg in Neuseeland.

Moosplätze in der Natur tun jedem gut – überall. Setzen Sie sich bei einem Spaziergang mal ins Moos: ganz schön weich. Dass der Hintern grün und feucht werden kann: geschenkt. Und vielleicht einen Moosgarten anlegen: wunderbar. Damit das Grün das Grau besiegt.

Die Schönheit der Moose

Moose sind schön. Finde ich. Das von Weitem so wohltuende Grün löst in mir einfach Freude aus, gibt Ruhe und Kraft. Bei näherem Hinsehen entdecke ich ein vielfältiges Mosaik aus unterschiedlichen Formen und Grüntönen. Und wenn ich es berühre, so zart, werde ich selbst berührt. Was für glückliche Momente, was für eine Schönheit: Moose!

Nicht jeder sieht das so. Es ist oft nicht leicht, Menschen für Moos zu begeistern, die darauf getrimmt sind, im getrimmten Rasen Moos wegzutrimmen. Das Empfinden für Schönheit kommt auch von Gewohnheiten. Und diese sind das Ergebnis tradierter Vorbilder. Lange Zeit galt Moos als lästig, unschön, ja sogar als schädlich – als etwas, das nervt, weil es das Gras bedrängt und ein moosfreier Rasen das Ideal zu sein scheint.

Warum eigentlich richten sich Meinungen gegen das Moos? Ist ein Rasen mit Moos weniger schön als einer ohne? Solche Vorbilder zu überwinden, ist nicht einfach. Jeder darf Schönheit empfinden, wie er will. Wer einen moosfreien Rasen möchte, darf weiter trimmen, schuften, reißen, fluchen, vertikutieren – verlieren. Aber erst mit etwas Moos wird ein Rasen lebendig. Das muss vielleicht nicht gerade im Olympiastadion sein, sonst aber gerne fast überall.

Schauen wir uns ein Laubmoos genauer an. Kleine tiefgrüne Stängelchen sehen aus wie Mini-Bäumchen und bilden weiche Poster. Je tiefer man blickt, desto faszinierender wird es. »Moosgrün« ist ein Farbname mit gutem Image. Die zarten Härchen, die unterschiedlichsten Formen sind bezaubernd. Und je nach Feuchte verändern sie sich. Ja, Moose sind Wunderwesen. Alte Traditionen können offenen Blicken weichen.

Moose für Wasser, Luft und Klima

Moose speichern Wasser

Moose nehmen Wasser über ihre Oberfläche auf. Weil diese durch die vielen Stängelchen und kleinen Blättchen enorm groß ist, können Moose in kurzer Zeit sehr viel Wasser aufnehmen. Und zwar – das ist wichtig – Wasser, das von oben kommt, also Niederschlag, aber auch Tau und Nebel. Dieses Wasser wird gespeichert und langsam der Bodenwelt und wiederum auch der Luft zugeführt.

Besonders wichtig ist diese »Schwammfunktion« bei Starkregen oder Überflutungen. Das kommt auch uns Menschen zugute, besonders wenn entlang der Täler an Bachoberläufen unzählige Moose vorkommen – und weiter unten wir Menschen wohnen.

Moose vermitteln im Wasserhaushalt zwischen dem Boden, den sie feucht halten, und den umgebenden Pflanzen, die von Wasserspeichern in ihrem Umfeld abhängen. Ich bezeichne Moose gerne als Pförtner für Wasser in der Biosphäre – in guter Kooperation mit den Bäumen. Und den Pilzen. Farne auch. Ja, natürlich die Tiere. Alle sind letztlich miteinander verbunden, auch mit Moos.

Moose verbessern Wasser

Moose geben Wasserstoffionen ab und binden Kalzium und Kalium. Das hat den Effekt, dass sie den umgebenden Boden und Wasser leicht ansäuern. Hiervon profitieren sie zunächst einmal selbst, weil sie sich bessere Lebensbedingungen schaffen. Aus »hartem«, kalkreichem Wasser wird langsam »weicheres« Wasser (s. S. 141).

Nach demselben Prinzip können Moose sogar Wasser entgiften, wenn im Gegenzug zu Wasserstoffionen nicht Kalzium und Kalium, sondern Schwermetalle, Arsen oder auch Radionuklide am Moos gebunden werden. Dass sehr viel Moos an Quellbächen wächst, ist kein Zufall. Es profitiert von der dort hohen Luftfeuchte und ist angesichts Beschattung vielen anderen Pflanzen überlegen. Dort reinigen Moose das Wasser, das sie benetzt. Und so führen sie der Quelle und dem Bach stets sauberes Wasser zu. Quellfrisch heißt also meist auch »moosfrisch«. Und ein solcher Quellschutz ist im wahrsten Sinne Naturschutz von Anfang an.

Im Namen der Moose! *Moos-Wissen-Blickpunkt 2*

Die wissenschaftliche Namensgebung (Nomenklatur) besteht für jede Art von Lebewesen aus einem Gattungsnamen und einem Artnamen, meist in Latein, die nach bestimmten Regeln entstehen und eine Art weltweit über alle Sprachen hinweg eindeutig bezeichnen. Zum Beispiel *Polytrichum formosum*. »Polytrichum«, der Gattungsname, heißt »Vielstielchen«, »formosum«, der Artname, heißt »wunderbares«: unser viel zitiertes Frauenhaarmoos, das im Deutschen viele weitere Namen hat.

In diesem Buch verwende ich die wissenschaftlichen Namen der Moose nach der aktuellen Checkliste der Bryologisch-lichenologischen Arbeitsgemeinschaft für Mitteleuropa (s. S. 198), bei den deutschen Namen richte ich mich nach dem relativ populären Bestimmungsbuch von Düll & Düll-Wunder 2012 (s. S. 198).

Namen verändern sich: Etwa 20 Prozent der wissenschaftlichen Moosnamen wurden allein zwischen 1996 und 2006 verändert. Das verwirrt manchmal, zeigt aber, dass die Erforschung der Verwandtschaftsbeziehungen im Fluss ist. Nicht zuletzt entwickeln sich Arten in Evolution weiter.

Moose regeln das Kleinklima

Eng mit den Eigenschaften zur Speicherung und Reinigung von Wasser ist die Funktion der Moose als Regler für das Mikroklima verbunden. Denn schnell aufgenommenes Wasser wird recht langsam per Verdunstung an die Luft abgegeben. Diese wird angenehm frisch, sauber, rein. Eine Moosfläche ist wie eine Klimaanlage – nur billiger, leiser, schöner.

Moose verbessern die Luft

Eine große Oberfläche und feinste Stängelchen und Blättchen sind auch der Grund, dass an Moosen Stoffe und Stäube aus der Luft gebunden werden. Als Faustwert gilt, dass ein durchschnittlicher Quadratmeter Moosfläche 20 g Feinstaub im Jahr binden kann, ein durchschnittlicher Straßenquadratmeter dagegen 14 g Feinstaub im Jahr produziert. Sind Moosflächen also die Lösung der Feinstaubfrage?

Vor allem die problematischen Ammoniumsalze werden gut gebunden. Sie dienen Moosen als Nährstoffe und werden in Moosmasse umgewandelt, teils durch Bakterien im Moos auch abgebaut. Der Rest wird mit dem Regen ausgewaschen. Dass sich die Stoffe dann im Erdreich befinden, zeigt, dass man doch auch an den Ursachen ansetzen muss, um keinen »Moos-Verschiebebahnhof« zu betreiben. Aber erst mal gilt: Weg ist der Dreck.

Im Zeitalter der Feinstäube ist dies eine wertvolle Eigenschaft. Dementsprechend wurden versuchsweise in großen Städten Mooswände installiert. Auch Moosmatten an Autobahnen wurden schon mal ausgelegt (Bonn-Köln).

Moos kann viel, aber nicht alles. So deuten Zwischenergebnisse mit Mooswänden aus Stuttgart auf eine Überforderung von Moosen im Stadtinneren hin, sodass sie eher ergänzend eingesetzt werden. In Berlin zeigte 2018 ein Pilotprojekt[1], dass Moose weniger Feinstaub binden als erwünscht, im Gegenteil als Wand sogar den wichtigen Luftströmungsaustausch verringern. Die Mooswände waren zudem sehr teuer: Stuttgart gab für eine 100 m lange und 3 m hohe Wand etwa 560 000 Euro aus, allerdings samt wissenschaftlicher Begleitung. Eine kleinere Mooswand war in Berlin ab 25 000 Euro zu haben. Da die Mooswände dort an extrem unnatürlichen Stellen mit voller Besonnung und Trockenheit aufgestellt wurden, waren die Moose trotz Bewässerung weniger aktiv, starben teilweise ab. Die Großstadtsituation mit einer übergroßen Masse an Feinstaub-Verursachern hat daran ebenso Anteil wie die Überfrachtung an Erwartungen.

Mooswände können an schattigen und luftfeuchten Stellen, die sorgsam zu wählen oder entsprechend feucht zu halten sind, durchaus einigen Staub und Giftstoffe filtern, auch das ergaben die Versuche. Die alleinige Lösung für ein Riesenproblem sind die kleinen Moose aber nicht. In Innenräumen hingegen können Moose recht effizient dazu beitragen, das Raumklima zu verbessern sowie Staub und Giftstoffe zu reduzieren.

Im heimischen Moosgarten am Boden kosten Moose (fast) nichts und wirken durchaus. Also doch: Bitte Moos! Nur bitte ohne Übertreibungen.

Gute Luft mit Moos

Moose können sehr gute Bioindikatoren (Zeigerpflanzen) für die Luftqualität sein und uns helfen, diese zu messen und zu bewerten. Es gibt Moosarten, die an Luftverschmutzung angepasst sind. Einige davon empfehle ich für einen städtischen Moosgarten (s. S. 96). Andere reagieren sehr sensibel schon auf geringe Verschmutzungen, sie können in Moosgärten fern von Straßen und in Gebieten fern von Luftverschmutzungen Verwendung finden. Die Mischung der Moose an einem Ort erlaubt zuverlässige Aussagen über die dortige Luftqualität und darüber, was in letzter Zeit summarisch auf diesen Platz einwirkte. In den 1970er-Jahren gab es Ansätze für ein »Bryometer«, eine Anordnung von Moosen, aufgrund deren Wachstums die Luftqualität beurteilt wurde. Moderne Kenntnisse führen das fort.

Polytrichum formosum: »Ich lass mich nicht auf mein Äußeres reduzieren!«

Interview 1

Dank der »Bio-Translation«, einer geheimen Methode naturverbundener Forscher, die Äußerungen von Pflanzen und Tieren in menschliche Sprache zu übersetzen, können heute Interviews zwischen Organismen und Menschen geführt und dokumentiert werden. Oder für alle, die das nicht glauben: Was wäre, wenn die Natur einfach sprechen könnte? Hier das erste meiner sechs Interviews im Buch.

Michael Altmoos (MA) (tritt vor ein Moospolster und blickt zu ihm hinunter): Guten Tag. Wie darf ich Sie ansprechen? Frau oder Herr Polytrichum? Verehrtes Frauenhaarmoos?

Polytrichum formosum (PF) *Glotz nicht so und bück Dich. Wir Moose verhandeln immer auf Augenhöhe. Außerdem bin ich weder männlich noch weiblich. Wir Laubmoose tragen beides in uns. So was ist bei Euch wohl noch nicht so breit akzeptiert?*

MA Ich wollte nicht indiskret sein. Über Euren Geschlechtszyklus berichte ich den Lesern lieber sachlich im Wissenskapitel. Aber ich bin sehr erfreut, dass sich unsere Kommunikation formlos gestalten lässt. Sind Moose immer so locker drauf?

PF *Locker ist der falsche Ausdruck. Wir sind fest an unser Substrat gebunden. Ich bevorzuge Waldboden oder vermoderndes Holz. Die moosigen Typen, die es härter brauchen, stehen auf Stein und Fels. Nenn mich aber nicht Frauenhaarmoos. Das ist echt frauenfeindlich.*

MA Warum denn das?

PF *Die alten Männer, die mich erstmals beschrieben, haben meine kleinen Triebe, die doch eigentlich so aussehen wie wundervolle kleine Bäumchen, mit strähnigem Frauenhaar verglichen. Das ist fies – und schon gar nicht »gegendert«. Auch Männer haben oft solche Haare auf dem Kopf, wenn überhaupt. Und bis ins 19. Jahrhundert sammelten Deine Vorfahren meine Vorfahren als Matratzenmaterial, und das zumeist durch Frauen. Aber sag mal: Findest Du mich schön?*

MA (leicht errötend): Äh, ja, sehr – darf ich Dir Wasser anbieten, Dich sanft mit meiner Hand berühren? Ich finde, Moose fühlen sich so wohlig an. Für mich eines der schönsten Tasterlebnisse in der Natur.

PF *(leicht ergrünend, jedenfalls nachdem etwas Wasser auf das Moos gegeben wurde): Du Schlingel. Aber rechne Dir bei mir nichts aus. Außerdem nennt man mich auch Bürstenmoos oder Widertonmoos. Früher hat man Bürsten aus mir hergestellt oder mich zur Abwehr böser Geister in Hausritzen gesteckt, was zusätzlich ganz praktisch vor Luftzug schützte. »Wider Ton« heißt »gegen das Antun«, aber so eine alte Sprache kennst Du wohl nicht mehr. Sogar in Girlanden als Glücksbringer wurde ich gesteckt. Ich bin einfach gut.*

MA Du bist ja eine richtige Diva. Und ein Multitalent.

PF *Alter Schleimer. Nimm mich bitte ernst und nenn mich lateinisch »Polytrichum«: Das ist fair und schön. Aber eines sag ich Dir: Ich lass mich nicht auf mein Äußeres reduzieren. Wir Moose haben große innere Tiefe.*

Das Moos *Polytrichum formosum* im Moosgarten Staudernheim

MA Davon habe ich gehört. Ihr könnt große Mengen Wasser aufnehmen und ganz langsam wieder abgeben, damit das Kleinklima regulieren, vor manchen Überflutungen schützen und Feinstaub filtern. Das können wir nicht. Ihr macht uns sogar gesund. Dafür habe ich größten Respekt.

PF *Und wir können noch viel mehr, aber wir Moose sind bescheiden. Ganz lange sind wir schon auf der Erde, sahen so vieles kommen und gehen, wir aber bleiben. Und immer machen wir einfach nur professionell unseren Job – wenn man uns lässt. Wir werden gebraucht. Das alles ohne Tamtam und Show, verstehst Du? Bist Du neidisch, weil Ihr Trampeltiere das nicht selbst könnt?*

MA Bitte um etwas mehr Differenzierung gegenüber uns Menschen, ich werfe auch nicht alle Moose in einen Topf.

PF *Topf? Mach keinen Mist, wir sind für Euch nicht wohlschmeckend.*

MA Keine Angst, nur so eine Redewendung. Wir müssen uns wohl häufiger begegnen, um uns besser zu verstehen. Ich finde einfach gut, dass es Euch Moose in Vielfalt gibt. Daher will ich gerne mehr über Euch herausfinden und es interessierten Menschen erzählen – und in Form von Moosgärten gleichsam lebendige Denkmäler für Euch anregen. Gerne mit Dir, Polytrichum, und Deinen Freunden.

PF *Das hört sich schön an. Auf dieser Basis können wir weiter zusammenarbeiten. Wir sehen uns.*

Gesundheit mit Moosen

Alle bisher genannten Aspekte können unserer Gesundheit dienen: Das gesunde Durchatmen nahe dem Moos genieße ich immer gerne in meinem Moosgarten oder an moosreichen Plätzen in der Natur, ja überall auf der Welt, wohin ich komme. Dann fühle ich mich angenehm erdverbunden, zugleich weltverbunden und zu Hause. Spüren Sie das auch?

Noch wenig verbreitet ist die Erkenntnis, dass auch Moose Duftstoffe an die Umgebung abgeben. Darunter ist die Stoffgruppe der Terpene, die das Immunsystem stimulieren und vielleicht manchen Krebsarten vorbeugen können. Diesen Effekt nutzt man beim sogenannten »Waldbaden«, das aus Japan kommt und Übungen zur Achtsamkeit enthält: Menschen verbringen dabei regelmäßig längere Zeit im Wald, angeregt und entspannt zugleich. Da will ich nun auch von »Moosbaden« sprechen.

Zwar ist die Terpenabgabe von Nadelbäumen größer als die von Laubbäumen und Moosen, doch in Kombination mit der Feuchtigkeitsabgabe und Staubbindung kann Moosluft sicher als sehr gesund gelten. Zu berücksichtigen ist aber auch, dass im Wald ein ganzer Cocktail aus vielen weiteren Pflanzenstoffen in der Luft ist, der für uns insgesamt gesund zu sein scheint. Moose leisten nur einen Beitrag, wenn auch einen wichtigen, und sind besonders im Zusammenhang mit Wald zumindest für natursensible und offene Menschen (»Biophilie») ein wahrer Jungbrunnen. Die Angebote an Waldbaden und gestaltete »Gesundheitswälder« nehmen entsprechend zu.

Als Wissenschaftler bin ich jedoch auch skeptisch, was solche Modewellen anbelangt. Noch sind nicht alle Faktoren und Ursache-Wirkungs-Beziehungen untersucht. Sicher erwiesen ist, dass es das Immunsystem stimuliert, wenn sich Menschen wohlfühlen und sowohl Anregung als auch Entspannung positiv erfahren. Wer sich also gerne in der Natur aufhält, kann von den vielen Sinneseindrücken, Stoffen und der Ästhetik besonders profitieren oder es lernen. Schwieriger dürfte es sein, wenn man vom Typ her Natur nicht so mag und Moose nicht wertschätzt. Aber ich baue gerne Brücken: Wer mehr über Moos weiß, erkennt eher seinen Wert, nimmt Moose mit allen Sinnen wahr, geht häufiger an moosreiche Plätze, oft auch in den Wald mit all seinen gesunden Reizen.

Das schöne Tastgefühl – sinnlich im Moos! *Tatgeber 1*

Moos berühren ist eines der schönsten Tasterlebnisse, das man in der Natur haben kann. Tun Sie es immer wieder, greifen Sie bewusst ins Moos, streicheln Sie es sanft und zugleich Ihre Sinne! Mit der Zeit werden Sie merken, wie es sich je nach Moosart, Trockenheit oder Feuchte unterschiedlich anfühlt.

Psycho!

Weil Moos schön und Moosgrün eine wohltuende Farbe ist und Moose das Kleinklima verbessern, werden manche Moosarten dort eingesetzt, wo sich Menschen besonders wohlfühlen oder beruhigt werden sollen.

So war ich während einer Reise auf dem Flughafen von Santa Cruz auf La Palma (Kanaren) sehr beeindruckt: Zu meiner Freude gab es im Abflugterminal einen Raum mit wunderschönen Mooskugeln und Moosmatten (s. Foto S. 159). Abflugterminals gehören zu den Orten, an denen man eher aufgeregt ist. Dort wurde Moos dekorativ, beruhigend und zugleich Luft verbessernd eingesetzt, um die Spannung wenigstens etwas abzumildern. Bei mir klappte es. Man sollte dabei aber nicht zugleich Thriller wie »Tod in den Wolken« lesen, denn die dann aufkommende Flugangst kann auch das beste Moos nicht dämpfen.

Die Rückmeldungen von Besuchern meines Moosgartens in Staudernheim beeindrucken mich oft. Menschen kommen dort häufig zur Ruhe. Viele fühlen sich einfach sehr wohl, entschleunigen am Moos – und kommen immer wieder gerne, manche auch zum Meditieren am und im Moos. Oft höre ich Aussagen wie »ich wollte ja nur mal kurz schauen, da bin ich im Moosgarten versunken«, und ich freue mich darüber sehr. Dabei war diese Wirkung zu Beginn nicht die eigentliche Idee für den Garten. Mir ging es anfangs ganz banal um die Begrünung einer Fläche, zudem um eine kleine Präsentation von Moospflanzen. Heute sind jedoch Ruhe und Wohlfühlen durch Moos genauso wichtig und ich entwickle den Garten auch in diese Richtung stets weiter.

Heißt Naturschutz nicht auch immer, bewusst Ruheflächen für Natur und damit ebenso Räume der Gesundheit und Entspannung für uns Menschen zur Verfügung zu stellen? Auch unter diesem Aspekt sehe ich den großen Wert geschützter Naturgebiete, neben all ihren anderen wichtigen Funktionen. Dagegen wirkt der häufig harte Widerstand von Landnutzern oder Teilen der Bevölkerung gegen wenig genutzte oder gar neue wilde Natur, manchmal auch gegen Moos, befremdlich, ja gesundheitsfeindlich. Kann die Faszination, die wir für etwas so Weiches wie Moose empfinden, die Harten überwinden? Denken wir weiter, auch ganz groß.

Stoffkreisläufe – nicht ohne Moose!

Moose sind wichtige Akteure in Stoffkreisläufen: Sie binden Wasser, Nährstoffe und Giftstoffe aus der Luft. Das machen sie zunächst für sich selbst, führen Nährstoffe aber auch der Umgebung zu, die somit von Moosen mit abhängt und in sonst wuchsfeindlichen Bereichen auf Moose angewiesen ist.

Im globalen Kohlenstoffkreislauf und im Klimaschutz spielen vor allem Torfmoose *(Sphagnum)* eine große Rolle (s. ab S. 182). Dass Moose und Moore zerstört werden, ist neben der Zerstörung wilder Flussauen und Urwälder weltweit eine der großen Dummheiten unserer gegenwärtigen Zeit, so wie Naturzerstörung immer ein Eigentor für Menschen ist. Nun sind Torfmoose ein Spezialfall und nicht für Moosgärten geeignet. Aber auch andere Moosarten sind in der Summe stark. Wer Moose fördert, fördert lebendige Stoffkreisläufe mit Nutzen für alle.

Erosionsschutz

Moosbewuchs schützt vor Erosion: zum einen, indem der Boden dann bewachsen ist und somit nicht so einfach zum Wegspülen frei liegt. Das ist zum Beispiel dort der Fall, wo am flachgründigen Schattenhang kaum andere Pflanzen wachsen können. Zum anderen nehmen Moose schnell beträchtliche Wassermengen »wie ein Schwamm« auf (Retentionskörper) und verringern den Oberflächenabfluss. Große Erdrutsche können sie allerdings nicht verhindern, wenn große Kräfte wirken. Lokal leisten sie aber gute Dienste.

Moosfarbverwandlung: Showeffekt bei Trockenheit *Tatgeber 2*

Mit Regenwasser (Gießkanne) einfach mal einen Quadratmeter trockenen Mooses duschen und kurz warten. Schon nach wenigen Sekunden beginnt es, die Farbe zu verändern, und nach Minuten wirkt das Grün ganz frisch, als hätte es nie Trockenheit gegeben. Besonders ausgeprägt ist das bei Frauenhaarmoosen (Gattung *Polytrichum)*. Ein netter Effekt für Gäste oder auch für sich selbst, wenn man Lebensmut braucht: zum frischen Ergrünen und Erleben, wie sich vieles regenerieren kann.

Bild rechts oben: Moosbewachsene Hänge können vor weiterer Erosion schützen. unten: Licht-Schatten-Spiele an Moosplätzen, hier im Moosgarten »Nahe der Natur« in Staudernheim. Schillernde Grünstufen schaffen einen wunderbaren Gesamteindruck.

Bärtierchen finden!

Tatgeber 3

Moos ist einer der wichtigsten Lebensräume für die weltweit verbreiteten winzigen Bärtierchen *(Tardigrada)*. Mit etwas Glück kann man sie finden – ein faszinierendes Erlebnis.

Wir brauchen: Moos, Petrischale oder ähnliche Schale,
Stereomikroskop (etwa 20-fache Vergrößerung), notfalls Lupe (10-fache Vergrößerung), Geduld
Wahlweise: Tropfpipette mit Hütchen, Objektträger, Deckgläser

1. Frische Moospolster suchen, bevorzugt von Ziegeln oder Steinen sorgfältig ablösen, mitnehmen. Ergiebig ist oft Birnmoos *(Bryum)* aus Dachrinnen oder Rieselrinnen. Auf saurerem Waldboden ist die Dichte der Bärtierchen niedriger, sie sind aber auch vorhanden.
2. Ein Gefäß (Petrischale) nehmen, das unter das Mikroskop oder die Lupe passen soll.
3. Einen (kleinen) Moosballen (grüne Moosoberseite nach unten!) in die Schale legen. Erdklumpen grob entfernen, sichtbare flüchtende Kleintiere retten.
4. Langsam mit Wasser auffüllen. Wenn das Moos vollgesogen ist, muss zudem Wasser mehrere Millimeter hoch in der Schale stehen. Über mehrere Stunden oder über Nacht stehen lassen. Die Bärtierchen fallen nach und nach ins Wasser, wo sie (über-)leben können.
5. Moos vorsichtig herausnehmen, mit Stereomikroskop oder Lupe im Wasser der Schale suchen. Hilfreich ist es, die Schale auf dunklen Untergrund zu stellen – mit seitlich einfallendem Licht. Die Bärtierchen strampeln wie Säuglinge und sehen wie Gummibärchen mit Stummelbeinchen aus, manche transparent, manche rötlich.
6. Geduld: Neulinge müssen sich einsehen. Manchmal klammern sich die Tierchen an Pflanzenteile oder Erdklümpchen. Die größten Bärtierchen (Gattung *Macrobiotus)* sind maximal 0,5 mm groß. Die kleineren *Echiniscus*-Bärtierchen (0,3 mm) sind schwieriger zu finden. Bärtierchen sind recht häufig, dennoch kann es mal vorkommen, dass in der Probe keine sind. Dann erneut probieren.
7. Wahlweise: Mit einer Tropfpipette können gefundene Bärtierchen auf einen Objektträger überführt werden. Bei niedriger Vergrößerung braucht man kein Deckglas. Bei stärkeren Objektiven (ab 20-facher Vergrößerung) wird nur mit Deckglas ein gutes Bild möglich. Aber bitte nur mit Abstandshalter zwischen Objektträger und Deckglas arbeiten, damit die Bärtierchen nicht zerquetscht werden.
8. Danach die Probe, das Wasser, das Moos zurückbringen und Bärtierchen-Wasser in lebendes Moos kippen. Oder Moos samt Bärtierchen sanft eintrocknen lassen und später neu verwenden. Bärtierchen stehen sozusagen wieder auf, wenn sie nach einer (langen) Trockenphase in Wasser kommen. Ein Tropfen reicht oft schon zum Leben: Viva Tardigrada!

Bild rechts: Die Schnecke Steinpicker *(Helicigona lapicida)* auf Schlafmoos im Moosgarten Staudernheim – eine schöne Symbolik der Spiralform auf Moos für das Leben sowie eine angenehme Entschleunigung schon beim Hinsehen im wunderbaren Kleinen

Moose als wertvoller Lebensraum für Tiere

Tauchen wir ein in das Moos und stellen uns vor, wir wären ganz klein: Dann wirken Moosflächen wie ein Dschungel, ein bezaubernder Regenwald mit vielen Nischen für winzige, aber auch größere Tiere. Moosplätze sind wichtige und faszinierende Kleinlebensräume, oft vernetzt mit Pilzen, Farnen, Flechten. Da Moos häufig mit weiteren interessanten Mikrostrukturen und Makrostrukturen verwoben ist (Geländeritzen, Baumstümpfe, strukturreiche Steine), steigt die Vielfalt an Nischen und Lebensräumen, wenn man es zulässt oder fördert. Die mikroskopisch kleinen Bärtierchen *(Tardigrada)*, die stark vergrößert wie Gummibärchen aussehen, leben bevorzugt in Moosen und sind meine besonderen Moos-Symboltiere (s. nebenstehend und Interview S. 30).

Bärtierchen

Strukturreiche Moos-Orte oder naturnahe Moosgärten sind wertvolle Refugien und gute Verstecke für viele Amphibien (Sommerlebensraum mit idealer Feuchte), Teillebensraum oder Volllebensraum für Insekten und Spinnen. Schnecken, vor allem die harmlosen und schönen Gehäuseschnecken, profitieren von der Feuchte und haben im Moos oft ihre Kinderstuben. Asseln, deren wichtige Funktion das Zerkleinern des gefallenen Laubes ist, leben geschützt im Moos. Vögel finden wertvolles Polstermaterial und Nahrung (s. ab S. 146). Kleinsäuger wie Mäuse oder Bilche jagen dort oder wohnen ganz in strukturreichen Moosplätzen.

Moos hält den Boden feucht und im Moos-Oberboden-Gemisch ist die Bodenlebewelt besonders vielfältig und vital. So bedeuten Moose für die Kleinsten unter uns die ganze Welt. Herzlicher Gruß an so manche Springschwänze (Collembolen), die im stetigen Einsatz sind für den Stoffkreislauf der Natur.

Erst seit wenigen Jahren ist bekannt, dass auf Moosen oft auch mikroskopisch kleine Cyanobakterien (»Blaualgen«) wachsen, die Stickstoff aus der Luft binden. Das ist eine willkommene Ergänzung zur bereits genannten Rückhaltefunktion der Moose für Wasser und Kohlenstoff. Viele Moose sind Epiphyten, wachsen also auf anderen Pflanzen, zum Beispiel Bäumen, und werden ihrerseits von Cyanobakterien bewachsen. Das nenne ich mal »Doppel-Epiphyt« – mein Kosewort für das Moos von nebenan.

So wird uns klar, warum Moos auch im Rasen wichtig ist: Insgesamt hält es die Fläche mit ihren Gräsern und Blumen lebendig – und macht uns gesund. Eine lebendige Wiese ist ohne eine Moosschicht im Untergrund, die lückig sein kann, nicht denkbar. Und selbst im heimischen Spielrasen darf etwas Moos sein. Jetzt erst recht.

Bärtierchen: »Ich bin einfach da!«

Interview 2

Im Moos finden sich viele Kleintiere. Faszinierend sind die Bärtierchen *(Tardigrada)*. So habe ich eines lebendig aus dem Moos extrahiert, in einem Tropfen Wasser liegt es jetzt gut beschützt unter meinem Mikroskop. Dank der zauberhaften »Bio-Translation« können wir sogar miteinander reden.

Michael Altmoos (MA) Es ist mir eine große Ehre, Dich näher ansehen zu dürfen. Die Situation ist jetzt geradezu intim: Also duzen wir uns doch gleich. Bärtierchen sollen ja sehr robust sein und jahrzehntelang scheinbar tot überdauern, bevor sie bei Wasserkontakt wieder lebendig werden. Weißt Du, dass Du damit einzigartig bist?

Bärtierchen (B) *(ganz langsam, tief und gedehnt): Nicht so schnell. Was bedeutet einzigartig? Sind das deine moosgrünen Augen auch, die so intensiv durch diese seltsame Röhre auf mich glotzen? Bist Du einer dieser Menschen, die unachtsam auf uns treten, die so kurz leben, aber sich über alles erheben?*

MA Du sprichst immer so langsam und so poetisch?

B *Wenn Du fünfzig Jahre tot gewesen und gerade erst auferstanden bist, wie würdest Du denn sprechen? Mach Dir selbst einen Reim darauf.*

MA Das mag ich mir lieber nicht vorstellen. Aber ich mag Poesie, auch die Deine von Tod und Leben.

B *Na, siehst Du. Gut riechen würdest Du nach fünfzig Jahren Totsein aber sicher nicht. Ich aber rieche immer nach gutem Moos. Oder gar nicht.*

MA Seid Ihr eigentlich beleidigt, dass Menschen Euch aufgrund Eures Aussehens unterm Mikroskop mit Gummibärchen vergleichen?

B *Womit?*

MA Oh, Du bist ja wirklich sehr alt.

B *Nein, für immer jung. Und Du?*

MA Na ja, für immer jung ist ein unerfüllbarer Menschheitstraum. Aber die Natur an sich ist ewig, betrachtet man die Kreisläufe. Auch wir sind Teil davon, insofern doch für immer jung. Moos ist bedeutender Teil des Wasser- und Kohlenstoffkreislaufes, der uns eng betrifft. Und Du wohnst mitten drin, verehrtes Bärtierchen. Bei diesen Gedanken fühle ich mich noch viel kleiner, als Du bist. Wenn wir mal die Rollen tauschen könnten?

B *Ich versteh kein Wort. Was ich aber weiß, ist, dass ich wohl das gegen radioaktive Strahlung unempfindlichste Wesen auf Erden bin. Wann geht es denn los mit Atomkrieg und Reaktorunfällen, damit ich endlich ohne Euer hektisches Getue wieder in Ruhe leben kann?*

MA (bleich vor Schreck): Himmel, nicht doch, das versuchen wir zu verhindern, auch durch Naturliebe, Vernunft und Mitgefühl mit allem, was lebt. Dazu gehörst unbedingt Du, Du friedliches Wesen. Hast Du einen Tipp, wie wir die Welt retten können?

B *Ruhe. Liebe. Leben. Ich bin einfach da.*

MA (kurzes Innehalten und Nachdenken, dann bewundernd): Oh, das nenn ich wahre Coolness. Schau mir in die Augen, Kleines.

B (etwas empört): Jetzt bin ich im falschen Film. Und ich bin nicht klein, bin nicht klein, bin nicht klein ... ich will nach Hause ins Moos.

MA Schon gut. Ich bring Dich sanft zurück.

MA (dreht sich flüsternd zu Ihnen als Leserin und Leser): Kommen Sie gern etwas näher an die Seite ran. Schon verrückt, was so alles im Moos lebt. Für die fühle ich mich mitverantwortlich. Ab jetzt wird mich weiches Moos auch an bewundernswerte Zähigkeit und mutige Lebendigkeit erinnern. Nun bekomme ich aber doch Appetit auf Gummibärchen.

Die Moospflanze verdient unseren Respekt, sogar unser Gefühl der Ehrfurcht, als einer der am längsten anhaltenden Erfolge im Geschäft des Lebens.

George Schenk,
Moss Gardening

Moos-Wissen

Streifzug durch Raum und Zeit

Einige besondere Eigenschaften von Moos haben wir bereits erfahren. Wer Moose mehr verstehen, erleben, gar einen Moosgarten anlegen möchte, kann um sich blicken: auf den Boden – Moos! Nach oben, in die Bäume – Moos! An die Ufer der Seen, Bäche und Flüsse – Moos! Ja, ist das denn überall? Blicken wir zurück: Die Geschichte und Zukunft des Lebens ist eng mit Moos verknüpft. Aber der Reihe nach.

Als die Erde ergrünte

Stellen wir uns die Erde vor. Ohne Pflanzen! Geht nicht? Geht doch, denn das gab es schon einmal und fast 4 Milliarden Jahre lang – dann aber nie wieder: In den ersten 3 bis 4 Milliarden Jahren unseres etwa 4,5 Milliarden Jahren alten Planeten entwickelte sich Leben nur langsam und nur in den Ozeanen, vor allem Mikroben. Sauerstoff war Gift, bevor Cyanobakterien (»Blaualgen«) vor etwa 3,5 Milliarden Jahren anfingen, ihn als neues Stoffwechselprodukt ins Wasser abzugeben – zum Leidwesen des bisherigen Lebens. Man spricht recht dramatisch, aber der Bedeutung angemessen, vom »great oxidation event«, wobei sich das »Event« über Millionen Jahre hinzog. Im Meer starb altes Leben ab, doch es entwickelte sich vielfältiges Neues, bald auch grüne Algen, die noch mehr Sauerstoff produzierten und fast 2 Milliarden Jahre lang die einzigen Pflanzen waren – in den Ozeanen der Urzeiten. Nachdem der Sauerstoff zunächst überwiegend im Meer gebunden und von immer neuen, meist kleinen Lebensformen genutzt wurde, entweicht er erst seit etwa 800 Millionen Jahren stärker auch aus den Meeren hinaus in die Atmosphäre. Das veränderte alles: Die Ozonschicht (O_3) bildete sich und höheres Leben an Land wurde angesichts des energetisch vorteilhaften Luftsauerstoffs (O_2) überhaupt möglich.

Bis vor etwa 520 Millionen Jahren war die Landmasse kahl. In dieser Zeit entwickelten sich aus fotosynthetisch aktiven Armleuchteralgen und Grünalgen an Küsten und Gezeitenzonen erste Moose, genauer gesagt Vorläufer der Lebermoose: die ersten Landpflanzen! Sie unterstützten die weitere Sauerstoffanreicherung der mit ihnen beginnenden Land-Biosphäre. Bald reduzierte sich infolge von Fotosynthese das Kohlenstoffdioxid in der Luft auf ein niedrigeres und natürlicherweise schwankendes Niveau.

Bild links: Am Anfang ist das Moos: Manche Moose können als Pionierpflanzen nach und nach Rohboden, Steine und Fels besiedeln. So fing es wohl an, als die Erde begann zu ergrünen.

Die Systematik der Moose *Moos-Wissen-Blickpunkt 3*

Unterschieden werden Lebermoose *(Marchantiophyta)*, Hornmoose *(Anthocerotophyta)* und Laubmoose *(Bryophyta*, die eigentlichen Moose). Diese drei Gruppen sind nach heutigem Wissen die ältesten Entwicklungslinien von Landpflanzen, wobei Lebermoose wohl die Ersten waren und auch heute noch etwas wirklich Urtümliches haben. Untereinander bilden diese drei Moosgruppen keine enge Verwandtschaftsgruppe. Hornmoose, Lebermoose und Laubmoose sind streng genommen getrennte Abstammungslinien. Dennoch sagt man zu allen drei pragmatisch »Moose« (Bryophyten).

Erst 2018 entdeckte man, dass diese ersten Moosartigen vor etwa 515 Millionen Jahren entstanden. In jenem Übergang vom Kambrium in das frühe Ordovizium vollführten sie ihren für die ganze Erde so folgenreichen Evolutionsschritt: Leben findet Land! Das ist viel früher, als man bis dahin dachte, wie ein internationales Forscherteam mit molekularbiologischen Methoden belegen konnte[3], und zwar etwa 100 Millionen Jahre vor den ältesten Fossilfunden von Pflanzen und Moosen, die auf 426 Millionen Jahre zurückreichen. Das älteste bekannte Fossil einer Landpflanze ist das einer Gefäßpflanze namens »Cooksonia«.

Am Anfang war das Moos

Die Erde begann, ausgelöst durch den Landgang der (Leber-)Moose, innerhalb relativ kurzer Zeit zu ergrünen. Die weiteren Landpflanzen haben sich aber nicht direkt aus Moosen entwickelt, sondern die vier Hauptgruppen der Pflanzen, die Lebermoose, die Hornmoose (sie heißen Moose, sind aber mit Gefäßpflanzen näher verwandt als mit Moosen), die eigentlichen Moose und die Gefäßpflanzen, haben nach aktuellem Wissen letztlich den gemeinsamen Vorfahr einer Armleuchteralge. »Du Armleuchter«, wäre bei Pflanzen also keine Beleidigung, sondern hieße so viel wie »Ururur...-Oma«. Schon bald nach dem Landgang der Pflanzen entwickelten sich alle Hauptgruppen des heutigen Pflanzenreiches, wahrscheinlich schon in Kooperation und baldiger Symbiose mit frühen Pilzen.

Die Moose standen also am Anfang des Landlebens, ja, sie waren dann mit Pilzen und später immer mehr anderen Lebewesen entscheidend dafür, dass letztlich alle heutigen Landlebensräume entstanden. Wenn wir Moose sehen oder mit ihnen gestalten, ist das fast so, als begänne alles neu. Moos macht die Erde grün, Moos führt zu weiterem Leben, damals wie heute.

Moose haben alle natürlichen Massensterben in der Erdgeschichte überlebt und immer wieder neue Lebensräume ermöglicht, in deren Verlauf so verschiedene Ge-

Moose in Vielfalt! *Moos-Wissen-Blickpunkt 4*

Weltweit kennt man 15 000 bis 20 000 Moosarten (Stand 2018), in Europa etwa 2000, in Deutschland 1121, etwa genauso viele, wenn auch teils andere (alpine), in Österreich (1081) und der Schweiz (1087). Moosspezialisten aus ganz Europa haben bei einem Workshop in Budapest im November 2018 Artenzahlen für Länder zusammengetragen: Frankreich 1268, Italien (einschließlich Südtirol) 1159, Polen 944, Tschechische Republik 870, Belgien 769, Dänemark 622, Niederlande 600, Luxemburg 578, Liechtenstein 434.

Arten zu finden, zu zählen, zu vergleichen und Listen aktuell zu halten, macht Spaß. So kann der Leser im kleinen Staatsgebiet des Vatikans immerhin 119 Moosarten huldigen, der Moosfreund in Monaco 124 Arten »Moosgold« unter Haben verbuchen. Artenzahlen ändern sich, Arten kommen und gehen, ganz natürlich. Viele Moose sind spezialisiert, einige gefährdet, alle schützenswert.

schöpfe wie Bäume, Saurier und Mammuts erschienen, manche vergingen. Über unzählige Zwischenschritte entstanden aus einem Säugetierzweig dann wir Menschen. Wir, die jetzt solche Zeilen lesen und vielleicht sogar begreifen können. Und die Entwicklung geht weiter. Wer vergeht?

Die Moose spalteten sich in viele Familien und Arten auf (s. S. 37) und sind bis heute unter uns. Ihr Werbespruch wäre: »Wir können alles, außer Salz«, müssten sie ihre Standorte bewerben. Ausnahme sind Lebermoose der Gattung *Riella*, die heute in Gezeitenzonen und Spritzwasserbereichen, zum Beispiel des Mittelmeeres, leben. Moose geben sich bescheiden in scheinbaren Nebenrollen: klein, weich, oft versteckt und doch hoch wirksam. Das ist eines ihrer Erfolgsgeheimnisse, während so mancher mit zu viel Panzer und zu wenig Hirn ausstarb.

Ohne Moos gäbe es letztlich keine pflanzenbewachsenen Lebensräume, ohne Moos weniger nutzbares Süßwasser, keine Lebensmöglichkeiten für Menschen, wenn auch über viele Zwischenschritte. Begreifen wir das wirklich, heute nach etwa 4,7 Milliarden Jahren seit Entstehung der Erde? Wir Menschen sind gemessen an diesen Leistungen und Zeitdimensionen gerade mal seit einem winzigen Augenblick anwesend.

Urtümlich und modern zugleich

Unsere heutigen Moose sehen sicher in vielen Details anders aus als die Moose vor 500 Millionen Jahren, viele Moosarten haben sich in ihrem Grundaufbau aber in den letzten Jahrmillionen optisch wenig verändert. Manche Arten der Lebermoose blieben im äußeren Erscheinungsbild urtümlich. Sie sind auch heute noch an sehr feuchten Stellen zu finden. Dennoch verlief in allen Moosen, auch wenn sie sich äußerlich wenig verändert haben, eine dynamische biochemische Evolution ab – und läuft stetig weiter. Diese führt zu immer neuen Pflanzenstoffen, mit denen Moose heute zum Beispiel gut vor Tierfraß und Krankheiten geschützt sind, die sie aber vor Jahrtausenden noch nicht hatten.

Moos – eine systematische Einordnung

* Generell werden Landpflanzen heute in Moospflanzen, Farnpflanzen und Samenpflanzen unterschieden, Letztere in Nacktsamer und Bedecktsamer.
* Vor den Moosen gab es erdgeschichtlich schon lange die **Algen** im Meer mit vielen Untergruppen, die auch heute so wichtig sind.
* **Flechten** *(Lichenes)* sind eine andere faszinierende Pflanzengruppe. Eine Flechte ist eine Symbiose aus den beiden Großgruppen der Algen und der Pilzen mit mindestens drei, oft auch vier verschiedenen Organismenarten: einer fotosynthetisch aktiven Alge (Grünalge oder Cyanobakterium), einem die Gewebestruktur und Form bildenden Schlauchpilz (oder seltener ein Ständerpilz), einem Hefepilz und zudem oft einem Gallpilz. Flechten teilen sich in viele Wuchsformen und Typen auf. Oft sind sie mit Moosen im selben Lebensraum vergesellschaftet, aber immer etwas Eigenes.
* **Farne** werden in Gartenbüchern gerne mit Moosen abgehandelt, sind aber auch eine andere und ganz eigene Großgruppe. Farnpflanzen und sogar Farnbäume traten in vergangenen Erdzeitaltern entwicklungsgeschichtlich nach den Moosen auf, gemeinsam dominierten sie große Lebensräume.
* **Pilze** sind weder Pflanze noch Tier, sondern ein faszinierendes Reich für sich. Dennoch flechten sich manche Pilzarten buchstäblich in Symbiosen ein.

Wem das schon zu viel Systematik war, der sei getröstet: Die Vielfalt des Lebens ist so mannigfaltig, dass die wissenschaftliche Systematik ohnehin stets im Übergang ist, neue Gruppen aufspaltet, andere zusammenfasst. Dennoch ist Systematik der Versuch, uns Menschen einen gewissen Überblick zu ermöglichen.

Familiäres zu Laubmoosen *Moos-Wissen-Blickpunkt 5*

Für einen Moosgarten sind besonders Laubmoose (Abteilung *Bryophyta)* relevant und Schwerpunkt dieses Buches. Die Moossystematik ist im dynamischen Fluss und unterscheidet viele Klassen, Ordnungen und Familien. Es gibt Klaffmoose *(Andreaeaceae)*, Torfmoose (vor allem die Gattung *Sphagnum* – relevant in Mooren) und Laubmoose im eigentlichen Sinne (Klasse *Bryopsida)*, die wir für den Moosgarten meist verwenden: Häufig begegnen uns dabei die Familien der Birnmoose *(Bryaceae)*, Vierzahnmoose *(Tetraphidaceae)*, Frauenhaarmoose *(Polytrichaceae)*, Gabelzahnmoose *(Dicranaceae)* und Koboldmoose *(Buxbaumiaceae)*.

Moos – das Aufbauprinzip

Der Aufbau der Laubmoose folgt einem einfachen Prinzip: Die einzelnen Moospflänzchen sind scheinbar ähnlich aufgebaut wie eine »normale« Blütenpflanze – die Wurzel der Blütenpflanze ist beim Laubmoos das Würzelchen (Rhizoid), darüber ein Stängel, um den Blättchen angeordnet sind, zeitweise trägt es einen Sporenständer (Sporophyt).

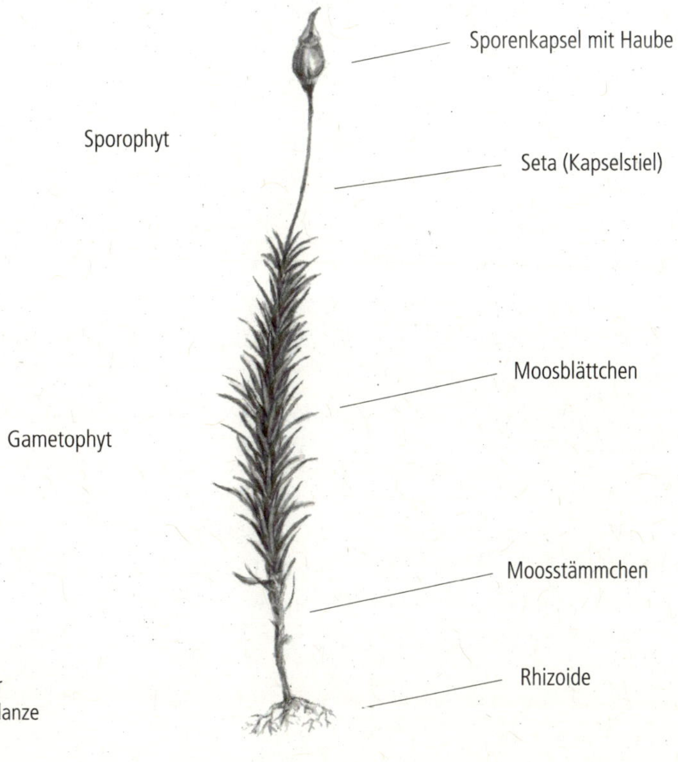

Aufbau einer Laubmoospflanze

Auch wenn es Analogien im Aussehen zu anderen Pflanzen gibt, sind die Funktionen der Organe doch völlig andere: Das Würzelchen dient bei Moosen nur dem Festhalten am Untergrund, nur wenig unterstützt es durch geringe Zieheffekte den Wassertransport. Bei Blütenpflanzen hingegen übernimmt das umfangreiche Wurzelgeflecht neben der Verankerung die Aufnahme von Wasser und Nährstoffen sowie den Informationsaustausch im Boden. Bei Moosen sind es die Blättchen, die Wasser und Nährstoffe aufnehmen sowie Fotosynthese betreiben. Der Sporenständer mag zwar an Blüten oder Früchte erinnern, ist aber etwas ganz anderes (s. S. 43).

Dementsprechend haben Moose keine Leitungsbahnen, mit Ausnahme der Frauenhaarmoose *(Polytrichaceae)*, oder nur rudimentäre leitbündelartige Strukturen. Der Austausch von allem verläuft fast nur über ihre Oberfläche. Bei nassem Boden ist auch eine beachtenswerte Kapillarwirkung vom Boden in das Moos hinein feststellbar, die nicht durch das Moos selbst gesteuert wird, aber doch dessen Stoffwechsel unterstützt.

Die Blättchen haben nur eine dünne Wachsschicht (Kutikula) und keine Spaltöffnungen. Nur manche thallöse (flache) Lebermoose haben Atem-Poren, manche Laubmoose Spaltöffnungen nur an den Sporenkapseln. Moose können demnach ihre Verdunstung im Gegensatz zu höheren Pflanzen nicht selbst regulieren. Das geht einher mit ihrer intensiven Speicherung und Abgabe von Wasser. Bei trockener Witterung trocknen sie deshalb aus, wirken tot, erholen sich aber schnell. Moose sind bemerkenswert robust und anpassungsfähig an die Feuchte ihrer Umgebung. Der entsprechende Fachbegriff lautet »Poikilohydrie«. Ausnahmen sind einjährige (ephemere) kleine Moosarten, zum Beispiel Sternlebermoose (Gattung *Riccia)*, die in Trockenperioden einen Totalausfall erleiden können, über Sporenvorräte bei nächstbester Witterung aber wieder aufkommen können.

Wasser-Liebe und Trocken-Toleranz

Moos machte sich vom Bodenwasser unabhängig, was ganz praktisch ist, denn für alle Pflanzen bedeuten Suchen und Aufnehmen von Wasser einen immensen Aufwand, wie man oft an den ausgedehnten Wurzelgeflechten höherer Pflanzen sehen kann. Vorteil Moos!

Aber jedes Moos braucht zumindest gelegentlich Wasser, um stoffwechselaktiv zu sein. Regen kann auf sich warten lassen. Viele Laubmoosarten, ja alle, die ich in diesem Buch für einen Moosgarten empfehle, können austrocknen, ohne Schaden zu nehmen. Sie wirken dann zwar nicht so schön. Allerdings haben auch Trockenheitszustände ihre besondere Ästhetik. Nicht nur für Makrofotografen ergeben sich wunderbar bizarre Bilder. Umso faszinierender ist es, zu beobachten, wie Moos binnen Minuten nach Wassergabe wieder zur leuchtend grünen Pflanze wird (s. S. 26).

Moos – das Erfolgskonzept

Gegenüber Gefäßpflanzen und Blütenpflanzen haben Moose einen großen Vorteil: Weil sie Wasser und Nährstoffe über ihre gesamte Oberfläche aufnehmen, können sie auch flachste Untergründe ohne Wasserhaushalt und ohne nennenswerten Erdboden besiedeln: Sie fußen auf Steinen, auf lebendem und totem Holz. Und wenn Sie Ihren Wohnzimmerteppich lange draußen liegen lassen, kann er über die Zeit zum Moosteppich werden. Alte Schuhe oder Kisten entwickeln sich durch Moos zu skurrilen Kunstwerken, sie vermoosen, bevor sie vermodern. Moose wollen immer nur zweierlei: einen passenden Untergrund und festen Halt. Alles andere kommt von oben.

Aufsitzen und zusammen sitzen

Viele Moosarten befinden sich nicht auf dem Erdboden, sondern als Aufsitzerpflanzen (Epiphyten) auf Stämmen, Ästen und Zweigen anderer Gewächse, vor allem von Bäumen. Dort liegt sogar die größte Artenvielfalt der Laubmoose. Einige Moose wie das Schlafmoos können sowohl am Boden als auch an Rinden wachsen. Meist aber finden sich auf Baumrinden ganz eigene Arten.

Dort haben sie eine wichtige Funktion: Sie sammeln das Wasser von oben, zum Beispiel aus dem Regen, vor allem aber aus Tau oder Nebel. Was sie nicht selbst verbrauchen, geben sie langsam am Stamm nach unten ab, sodass der Baum in seinem Wasserhaushalt unterstützt und ausgeglichen wird. Umgekehrt sitzen Moose auf Stamm und Ästen recht sicher und fest. Das ist zum Vorteil beider, weshalb es als Symbiose angesehen werden kann.

Es gibt aber auch viele Stein und Fels bewohnende Moosarten, die Epilithen. Auf Steinen oder Mauern können Moose zur natürlichen Verwitterung beitragen, indem das von ihnen gespeicherte Wasser das Steinmaterial angreifen kann. Dieser Prozess verläuft jedoch meist sehr langsam. Je nach Steinmaterial und Standort kann der umgekehrte Effekt eintreten, indem durch Moose der Verwitterungsprozess gegenüber anderen Faktoren verlangsamt wird, weil das Substrat durch Moosauflage geschützt ist und Wasserangriffe reguliert werden. Moose auf Rinden, Steinen und Mauern sollten nicht entfernt werden.

Einige Moose der Tropen, vor allem winzige Lebermoose, wachsen sogar auf lebenden Blättern. Das sind epiphylle Moose. Manche werden dabei fast schon zu kleinen Parasiten, indem sie dem Blatt Nährstoffe entziehen, wie die Moosart *Radula flaccida* in Panama.

Moospolster: Zusammen sind wir stark – und schön kuschelig!

Viele Moosarten, gerade auch heimische Laubmoose der Gattung *Polytrichum*, wachsen als Polster, also in Gruppen von Pflänzchen sehr dicht beieinander. Das hat drei große Vorteile: (1) Die Stängelchen schützen sich wechselseitig, das Moos ist robuster und standfester. (2) Damit kann Wasser zwischen den einzelnen Pflänzchen besser gehalten und gespeichert werden, während die Verdunstung über die optimierte Polsteroberseite verringert wird. (3) Und für die sexuelle Vermehrung ist es praktisch, wenn alles nah beisammen ist (s. S. 44).

Moosbälle!

Moos-Wissen-Blickpunkt 6

Die Welt ist rund, Moos auch – zumindest in besonderen Fällen. Es gibt Moosarten, die wachsen im Süßwasser. Lösen sie sich mal vom Grund, können sie im Wellenschlag zu oval-runden Bällen geformt werden. Am Ufer angeschwemmt, sieht das kurios aus. Solche Moosbälle sind bekannt aus Patagonien, Japan, Alaska und Finnland. Ähnliches ist auch von Seegras und einigen Algen an vielen Meeresküsten bekannt.

Ein Spezialfall sind Moosbälle in chilenischen Wäldern. Das dortige Moos *Rigodium implexum* wächst in Ballform. Moose können sich das erlauben, schließlich wird alles über ihre Oberfläche aufgenommen und abgegeben. Diese Moosart hat es ins Extrem getrieben. In den weltweit einzigartigen chilenischen »Wäldern der Bälle« fühlt man sich wie im Märchen. Indios nutzten die Moosbälle für ihre Bekleidung, als »Wolle der Armen«. Überführt man die Moosbälle aber in Gewächshäuser, so verliert sich ihre Ballform mit der Zeit. Irgendein Geheimnis hat also dieser Wald.

Auch in Europa gibt es natürliche Moosbälle. Manchmal lösen sich Moospolster an Hängen und werden durch »Purzeleffekt« beim Herabrollen allmählich rundlich geformt. Beobachtet habe ich das einmal beim Wandern an einem sehr trockenen und windigen Tag an Weißmoosen *(Leucobryum glaucum)* im Hunsrück. Bei Nässe können die »Bälle« an einem geeigneten Standort von selbst wieder anwachsen.

Auch epiphytische Laubmoose in den Bäumen können in seltenen Fällen und an feuchten Standorten rundliche Formen annehmen, wenn sie zum Beispiel einen Seitenast völlig umwachsen. Einen Baum voller Moosbälle zu sehen, empfinde ich als schönes Glück. Aber bitte nur schauen und nichts abreißen!

In einem Moosgarten ist es sozusagen der Hauptpreis, wenn sich Moos rundlich um Äste oder Bodenunebenheiten wickelt. Moosbälle sind Kuriosa und zeigen, dass sich das Moos buchstäblich rundum wohlfühlt – oder die Kraft dazu hat, rundliche Hindernisse zu umwachsen. Sie können das im Moosgarten vielleicht ein wenig anregen, indem Sie Äste oder rundliche Formen in vitales Moos einbringen, sodass dieses darum wachsen könnte.

Das Geheimnis des Kleinen

Aus unserer Perspektive sind Moose klein. Sie besitzen im Gegensatz zu Sprosspflanzen kein Lignin. Das ist der Stoff, der die Zellwände von Pflanzen stabilisiert und auch in Holz vorhanden ist. Moose würden aus statischen Gründen schlappmachen, wollten sie höher wachsen. So ist das weltweit größte Moos *Dawsonia superba* in Neuseeland maximal einen halben Meter hoch. Das europäische *Polytrichum commune* kann fast so groß werden, wirkt aber angesichts der kleineren Blättchen doch viel bescheidener. Und das ist schon das Höchste. Bei Moosen kommt es mehr auf ihre Oberfläche, weniger auf ihre Wuchshöhe an. Nicht ohne Grund sind Moospflänzchen oft stark gefiedert und verästelt, bilden bei den Lebermoosen auch breite Lappen.

An lichtärmeren Stellen oder auf flachgründigen Böden und Steinen besiedeln Moose, aber auch Flechten, eine eigene Nische. Das hat den Vorteil geringer Konkurrenz. Dort, wo kaum etwas anderes wächst, haben sie eine Alleinstellung und Schlüsselstellung gerade auch im Wasser- und Nährstoffhaushalt des größeren Lebensraumes. Für sie gilt: »Small is beautiful.«

Es gibt aber auch Moose, die klein sind und doch hochwachsen. Ja, da sind sie wieder, die Epiphyten, die Gehölze und Bäume als Träger nehmen. Als Moose bleiben sie klein, schauen dann aber von oben auf uns herab: Größe ist relativ.

Genügsamkeit – da liegt wahre Nachhaltigkeit!

Im Laufe der Evolution haben sich die meisten Moose an relativ geringe Nährstoffmengen angepasst, denn von oben kommt weniger Nahrung als aus einem guten Erdreich. Dementsprechend vertragen die meisten unserer Moose keine Düngung. Das ist eine wichtige Erkenntnis für jeden treu sorgenden Moosgärtner. Moose zeigen uns erfolgreiche Genügsamkeit. Sie regen zum Maßhalten an: eine wahrhaft nachhaltige Lebensweise für die Zukunft, von Moosen seit über 500 Millionen Jahren erfolgreich praktiziert.

Moos ist in dargelegten Eigenschaften den Blütenpflanzen überlegen. Oder etwa nicht? Ich halte nichts von solchen Vergleichen, denn Blütenpflanzen können ihrerseits so viel, wovon Moose nur träumen können. Jedes Wesen ist einzigartig, jedes kann etwas anderes gut. Und alles ergänzt sich in vielfältigen Kooperationen. Ein »ich bin besser als Du« braucht es da nicht – ja, es wäre falsch. Solche Anmaßungen finden sich nur in der Menschenwelt.

Viel los im Moos – die Fortpflanzung der Moose

Wie vermehren sich Moose? Wer mit ihnen arbeiten oder gestalten will, kommt um diese zentrale Frage nicht herum. Moose haben fünf Strategien, um sich zu vermehren und fortzupflanzen.

(1) Eine vegetative Art der Vermehrung führt über Verzweigungen, die das Moos wachsen lassen. Eigentlich ist das keine Fortpflanzung, sondern Wachstum. Moos wird einfach mehr, wenn es geeignete Bedingungen findet.

(2) Die »Fragmentation« durch Bruchstücke, zum Beispiel nach Vertritt durch Tiere, ist eine Vermehrungsweise, die vor allem bei längerer Trockenheit auftritt. Die Bruchstücke können durch Tiere oder durch den Wind verdriftet werden und andernorts neu anwachsen. Oder man nutzt diese Eigenschaft für einen Moosgarten. Alle Fragmente sind mit dem Spendermoos genetisch identisch und somit Klone. Viele Moose sind damit gut gerüstet: Tritt man auf sie, gibt's neue. Wer kann das schon von sich behaupten?

(3) Die sexuelle Vermehrung ist eng an Wasser gebunden und von Zeit zu Zeit wichtig, um genetische Vielfalt und damit evolutive Anpassungsfähigkeit zu ermöglichen. Dazu gleich mehr.

(4) Im Generationenwechsel mit sexueller Fortpflanzung ist eine vegetative (ungeschlechtliche) Vermehrungsphase eingebunden. Ohne vorherige Befruchtung werden Sporen gebildet, die sich dann verbreiten.

(5) Viele Moose bilden kleine Brutkörper (»Schüsselchen«) – je nach Moosart an Stängel, Blatt oder Würzelchen. Dort können Nährstoffe wie Stärke gespeichert werden. Solch ein Brutkörper ist Überdauerungsorgan und Fortpflanzungsorgan zugleich. Schlägt ein Regentropfen ein, wird er durch »Splash-Wirkung« weggeschleudert, nicht weit, aber sehr effektiv. Bei trockener Witterung können die Brutkörper vom Wind weit verdriftet werden.

Damit haben Moose viele Möglichkeiten – kein Wunder, dass sie so erfolgreich sind. Blicken wir nun auf den eigentlichen Vermehrungszyklus (3 und 4) – reden wir über Sex.

Häufig gefragt: Allergien durch Moose? *Moos-Wissen-Blickpunkt 7*

Moossporen können keine Pollenallergie oder irgendeine Art von Heuschnupfen auslösen oder verstärken. Sie sind seit Urzeiten überall und für uns nicht allergen. Ausnahme ist die Lebermoosgattung *Frullania*, von denen einige Arten das Hautallergen Frullanolid enthalten und die zum Beispiel an manchen Olivenbaumrinden im Mittelmeerraum wächst.

Sporophyten-Szene an einem kleinen Laubmoos auf Stein am Moosgarten Staudernheim

Missverständnisse aufgelöst

»Das Moos blüht«, höre ich immer wieder Leute sagen, wenn sie auf so manche gestielte Sporenkapsel blicken. Oder: »Schau mal, wie das Moos fruchtet.« Bienchen und Hummeln als Bestäuber – so meinen viele. Und meinen es falsch. Ich muss dabei schmunzeln, mache mich aber nie über das Unwissen lustig, denn wer meint, schon viel zu wissen, merkt, wie wenig er weiß, und erlebt bald manche Überraschung, ich selbst auch immer wieder. Das gilt ebenso für Moose, bei denen manche Details auch im Fortpflanzungszyklus noch unerforscht sind.

Auch der große Naturforscher Carl von Linné, vor etwa 250 Jahren, wusste noch wenig vom Wesen der Moose. Er suchte nach Blüten, fand keine und erfand die Obergruppe der Kryptogamen, wörtlich Pflanzen, die sich im Verborgenen vermehren (altgriechisch kryptós: verborgen). Diese Gruppe gibt es noch heute, obwohl der Oberbegriff hinfällig ist.

Vor etwa 140 Jahren entdeckte in Tübingen dann Professor Friedrich Wilhelm Benedikt Hofmeister das Geheimnis: Kryptogamen haben keine Blüten. Und nach und nach wurde deren Vermehrungszyklus im Grundsatz entschlüsselt.

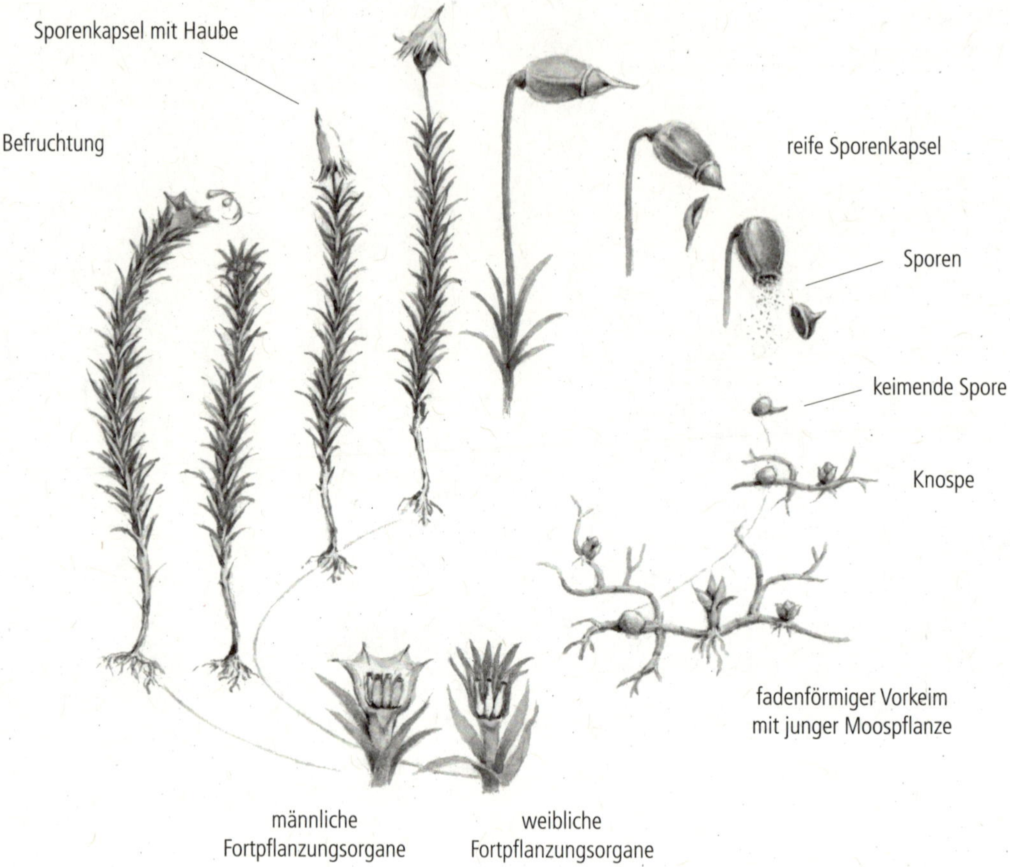

Vermehrungszyklus eines Laubmooses

Eine Sause im Regen

Moose sind Sporenpflanzen, die einem Kreislauf folgen. Beginnen wir mit der Spore. Diese wächst auf einem feuchten Untergrund an und bildet ein unscheinbares, fadenförmiges, selten auch flächiges, grünliches Gebilde, den Vorkeim, wissenschaftlich: das Protonema. Der Vorkeim betreibt Fotosynthese und stellt Energie für das weitere Wachstum bereit. An den Fäden der Vorkeime werden dann Mini-»Knospen« angelegt: Daraus wachsen die Gametophyten, die eigentlichen Moospflänzchen.

Wenn die Moospflanze groß genug ist, geht der Vorkeim ein und die Energieproduktion erfolgt ausschließlich in der Pflanze.

An den Moospflänzchen bilden sich von Zeit zu Zeit Geschlechtsorgane, männliche Antheridien und weibliche Archegonien. Die Antheridien stehen bei einigen Laubmoosen in farbig abgesetzten, von Blättchen umgebenen, scheibchenförmigen Gebilden, fälschlicherweise manchmal als »Moosblüte« bezeichnet. Die Antheridien bilden begeißelte Samenzellen aus, die aktiv – fast wie Spermien, sie heißen entsprechend Spermatozoide – zur Eizelle im kaum sichtbaren Archegonium schwimmen. Dazu dienen zwei Fäden am Spermatozoid, mit denen dieses immerhin bis zu 2 cm aktiv steuern kann. Von der weiblichen Eizelle werden die Spermatozoide zudem durch einen Stoff aus einem Saccharose-Derivat (eine Zuckerart) angelockt, den sie offenbar chemisch wahrnehmen können. »Die ist so süß, da schwimm ich hin«, dürfte ein beliebter Spruch in der Spermatozoiden-Szene sein.

Zum Schwimmen braucht man bekanntlich Wasser: Die Befruchtung kann also nur bei Feuchtigkeit (Regen oder Tau) erfolgen, wenn sich auf dem Moos ein Wasserfilm bildet. Über Regenspitzer werden Spermatozoide auch mal deutlich weiter als 2 cm verfrachtet. Dann gibt es einen weiteren Schub in der genetischen Durchmischung.

Befruchtung, Sporenbildung, Ausbreitung

Aus der befruchteten Eizelle bildet sich zumeist auf dem Gametophyt (dem Moospflänzchen) der Sporophyt (synonym: Sporogone), der seinerseits aus Kapsel (Sporangium) und Stängelchen (Seta) besteht. Auch diese Sporophyten werden manchmal fälschlich als »Moosblüte« angesprochen. Bei vielen Moosarten sind sie auffällig, bei anderen unscheinbar. Im Innern der Sporenkapsel warten Hunderttausende von mikroskopisch kleinen Sporen darauf, dass nach Reife von selbst, durch Wind oder Tritt die Sporenkapsel aufgeht. Meist geschieht das bei relativer Trockenheit.

Die meisten Kapseln haben einen Deckel, der bei Reife abfällt, und einen Borstenkranz (Peristorm), der das Ausstreuen der Sporen steuert. Bei wenigen Arten bricht lediglich die Kapsel auf. Sporenkapseln der Torfmoose, die alle kein Peristorm haben, brechen mit einer Geschwindigkeit von etwa 130 km/h in Form einer Pilzwolke auf, die an eine Atombombenexplosion im Miniformat erinnert[2], zum Glück aber friedlich ist. (Das ist mit bloßem Auge sichtbar, mit Lupe noch besser. Allerdings zeigen Zeitlupenaufnahmen den Prozess viel besser, weil er sehr schnell geht.)

Es ist nachgewiesen, dass Moossporen beim Aufplatzen Höhen von 20 cm erreichen können. Das genügt, um von den bodennahen Luftströmungen weitergetragen zu werden. Je nach Windverhältnissen können Sporen dann auch in höhere Luftschichten aufsteigen und einige von ihnen in der Atmosphäre quasi die Erde umrunden. Sich weit ausbreitende Sporen machen sicher nur einen sehr kleinen Prozentanteil gegenüber der Nahausbreitung in die Nachbarschaft aus, sie bestimmen aber letztlich die größere Gesamtverbreitung. Moossporen breiten sich auch angeheftet an Tier und Mensch aus. Und bei Regenwetter können sie auf dem kleinen Wasserweg in Rinnsalen einfach weitergeschwemmt werden. Dann schließt sich der Kreis: Spore, Vorkeim und so weiter.

Aber halt: Moose wären nicht Moose, gäbe es nicht noch einen faszinierenden Zwischenschritt vor dem nächsten geschlechtlichen Zyklus.

Vegetative Vermehrungsphase

Moos weist immer auch eine ungeschlechtliche Vermehrungsphase auf, die ohne männlich-weiblichen Kontakt Sporen erzeugt. Welche Einflüsse dies bewirken, ist von Moos zu Moos unterschiedlich und in Erforschung. Die daraus keimenden Moose sind Klone der Ursprungspflanze. Nur nach der geschlechtlichen Phase, der Befruchtung, ist der Chromosomensatz in Stängelchen und Kapsel diploid, also doppelt vorhanden. Damit ist die Basis für genetische Variationen gegeben, bevor er naturgemäß wieder geteilt wird. Die Sporen und das keimende Protonema sind immer haploid, haben also einen einfachen Chromosomensatz, egal, ob sie aus geschlechtlicher oder ungeschlechtlicher Vermehrung stammen. So ein Generationswechsel ist ganz praktisch: Der geschlechtliche Vorgang, der »Sex der Moose«, sorgt für genetische Durchmischung, Anpassungsfähigkeit und ermöglicht evolutiven Fortgang. Die ungeschlechtliche Sporenbildung lässt identische Moose sich recht schnell ausbreiten. Und Sporen besorgen immer wieder auch den Ferntransport und die Gründung neuer Niederlassungen: Moose – ein (oft) globales Unternehmen!

Erstaunliche Ausnahmen!

Die Gruppe der Dungmoose *(Splachnaceae)* wächst, getreu ihrem deutschen Namen, auf Dung von Tieren und trägt damit zu dessen Zersetzung bei. Einfach den ganzen Mist überwachsen! Dungmoose bilden Sporenkapseln mit einem verlängerten Hals, der hütchenartig aussieht. Und der hat es in sich. Denn in ihm werden Duftstoffe produziert, die Dungfliegen anlocken. Wenn sich diese auf das Moos setzen, bepudern sie sich mit Sporen und nehmen diese mit. So ist dieses Moos zur Ausbreitung nicht auf Wind und Wasser angewiesen, die zufällig irgendwohin strömen, wo es vielleicht gar nicht passt. Denn wohin fliegt eine Fliege, die Dungfliege heißt, wohl am liebsten? Richtig. Und genau das müssen auch Dungmoose finden. Dung ist klein, in Landschaften weit zerstreut und überaus flüchtig. Eine solche Strategie, die dann doch eine gewisse Analogie zur Bestäubung von Blütenpflanzen hat, traute man den Moosen lange nicht zu.

Es gibt auch Dungmoose, deren Sporenkapseln einen fruchtigen Geruch verströmen. Diese werden von Rehen oder Bären angeknabbert. Über deren Kot wiederum werden die Sporen irgendwo ausgeschieden – und das Moos hat sogleich einen neuen idealen Wuchsort.

Das ist eine in der Evolution entstandene Anpassung von Fliegen, Säugetieren und Moos an eine dynamische Umgebung: Gemeinsam meistern wir die Umwelt, wir verändern uns immer weiter. Auch Moose gehen mit der Zeit – oder mit den Tieren.

Bild links oben: Liegende Äste sind wichtiger Kleinlebensraum für Moose. Auch in Moosgärten können darauf schöne Miniaturbilder aus Flechten und Moosen entstehen.
unten: Alpine Mooskissen von *Polytrichum juniperinum* (Gottesacker, Kleinwalsertal, Österreich)

Natürliche Kooperation und Konkurrenz

Moose wachsen selten allein im Lebensraum. Häufig sind sie mit Flechten vergesellschaftet, ihren »ökologischen Geschwistern«, wie ich gerne sage. Pflanzensystematisch und verwandtschaftlich sind Moose und Flechten zwar weit voneinander entfernt (s. S. 36), in ihren Pioniereigenschaften und Wuchsstandorten auf flachgründigen »schwierigen« Böden, auf Ästen, Rinden und Steinen aber gerne buchstäblich verflochten. In extremen Lebensräumen sind sie die ersten, manchmal die einzigen Pflanzen und bereiten eine weitere Besiedelung vor (Wasserhaltung, erste Bodenbildung). Tendenziell dominieren Flechten eher an trockenen, Moose an feuchten Standorten.

Auch mit vielen anderen Lebensformen haben Moose eine Beziehung, als Miniaturlebensraum für Würmer, Asseln und Milben, wovon andere bis hin zu Vögeln direkt und indirekt abhängen. Epiphytische Moose, die auf Bäumen wachsen, und Moose, auf denen Cyanobakterien leben, haben wir als Symbiosen bereits kennengelernt (s. S. 39 und S. 30). Einige Lebermoosarten haben mit manchen Pilzen eine Mykorrhiza, eine enge Verbindung zum wechselseitigen Stoffaustausch. Überhaupt ist das Prinzip der Kooperation in der Natur stärker und weiter verbreitet als das der Konkurrenz oder gar des Kampfes. Sie suchen jetzt nach der Ausnahme? Aber gerne doch.

Es gibt auch moosige »Übeltäter«: So sind spezielle Lebermoosarten zu nennen (zum Beispiel *Colura zoophaga)*, die kleine Wassersäckchen haben, in denen sie Wimpertierchen und andere Kleinsttiere fangen. Allerdings fehlen den Moosen Verdauungsenzyme, sie sind nicht wirklich fleischfressend. Die gefangenen Tiere sterben im Moos und dienen ihm nach Zerfall als Nährstoffe.

Wo sind die Grenzen zwischen wechselseitigem Nutzen und gegenseitigem Ausnutzen? Oft ist das schwer erkennbar und in stetiger dynamischer Veränderung. Zwischen Kooperation und Konkurrenz gibt es Übergänge. So können Moose sogar auf Hartteilen von Tieren wachsen, zum Beispiel auf Schneckenhäusern, Gürteltieren oder Schildkrötenpanzern. Das macht den Tieren scheinbar nichts, kann aber unter Umständen Pilze und Infektionen begünstigen oder das Tier durch Gewicht belasten, wenn es zu viel wird. Umgekehrt können Moose als Tarnung nützlich sein. Die kleinen Moose öffnen die Augen für größere Beziehungen weit über sie selbst hinaus. Da fängt Ökologie an: Zusammenhänge entdecken und verstehen. Netzwerk Leben!

Moss Wide Web

Das Erfolgsgeheimnis von Natur, besonders von Wäldern, liegt maßgeblich in der Vernetzung von Beziehungen, gerade im Boden. Es existieren riesige Fadengeflechte von Pilzen, vernetzt mit den Wurzeln der Bäume und anderer Pflanzen, die Mykorrhizen. Die Pflanzen unterstützen sich, »bekämpfen« sich auch mal, sind aber immer in regem Austausch. Und auch oberirdisch über die Luft gibt es einen Austausch, indem Pflanzen (Duft-)Stoffe abgeben, die für andere Pflanzen Signalwirkungen haben und zum Beispiel vor Fraßfeinden warnen. Die gewarnten Pflanzen bilden dann oft schlecht schmeckende Bitterstoffe. In der Luft sind auch Sporen, die auf gesunden und sterbenden Bäumen zu Moos anwachsen können und ihrerseits im Haushalt von Wasser und Nährstoffen wichtig sind.

Die vielfältigen Symbiosen und der wechselseitige Austausch sind typisch für alle Lebensräume. Für die Verflechtungen im Untergrund naturnaher Wälder hat Peter Wohlleben, Förster und Autor, den schon lange kursierenden eingängigen Begriff »Wood Wide Web« noch bekannter gemacht. Es ist kein Zufall, dass in naturnahen Wäldern besonders viele Moose wachsen. Sicher haben sie eine Schlüsselstellung zwischen dem Oben (Biosphäre und Atmosphäre) und dem Unten (Pedosphäre – die Bodenwelt mit dem Wood Wide Web). Sie unterstützen eine anhaltende Feuchte in Boden und Luft, sodass Bäume und Pilze noch besser gedeihen können.

Verbunden mit dem Wood Wide Web möchte ich daher das »Moss Wide Web« formulieren. Mit dem teils weiten Sporenflug der Moose und der Pilze kann sich dieses »Moss & Wood Wide Web« schließlich zum World Wide Web der Natur verbinden.

Bild links: Epiphytische Moose, hier *Orthotrichum affine*, wachsen zusammen mit Flechten auf Baumrinden und Ästen, hier auf Eichenrinde. Bunt und symbiontisch ist diese Welt!

Moos als Nahrung und Medizin

»Kann man das Moos hier essen?«, ich blicke in das freundliche Gesicht der fragenden Dame. »Welche Heilstoffe sind denn in Moos?«, schnell drehe ich mich zu dem Herrn hinter mir um. »Wofür ist Moos denn gut?«, fragt fast zeitgleich die engagierte Pharmaziestudentin. Ich freue mich über das interessierte Publikum meiner Moos-Natur-Erlebnisführung. Wir stehen an meinem Moosgarten. Einzelne Lichtstrahlen der hochstehenden Sonne verzaubern mystisch den ruhigen Ort. Ich lade ein, tief den Geruch, die Naturtöne, die Atmosphäre dieses Ortes aufzunehmen, bevor ich frage: »Warum ist Ihnen das so wichtig?«

Wir leben in einer Zeit, in der fast alles nützlich, gewinnbringend oder für etwas optimiert sein muss, allzu häufig auch wir selbst. War das schon immer so? Gibt es nicht noch etwas anderes als ein Nützlichkeitsdenken? Sicher, darauf gehe ich noch genauer ein (s. ab S. 174). Die Fragen meiner Gesprächspartner sind aber in praktischer Hinsicht gut, weil Nahrung aus der Natur und ihre Heilkraft jenseits übertriebener Effizienzvorstellungen etwas Wichtiges sind. Viel Wissen geriet in der technisierten Welt schon (fast) in Vergessenheit, obwohl es für uns als letztlich doch naturabhängige Wesen so wichtig ist. Entsprechende Erfahrungen, verbunden mit aktueller Wissenschaft, gebe ich daher gerne weiter und beantworte die Fragen.

Moos zu essen, ist nicht bekömmlich, vom Verzehr rate ich ab. Die zahlreichen sekundären Pflanzenstoffe im Moos, die auch der Abwehr tierischer Fraßfeinde dienen, dürften, in größeren Mengen genossen, Giftwirkung entfalten. Wer aber nur mal ein wenig ins Moos beißt, wird nicht geschädigt. Allerdings verdirbt es den Appetit, wenn man bedenkt, dass Moose unsere Feinstäube und Gifte binden. Neben einem säuerlichen Moosgeschmack bekommen wir unseren eigenen Dreck ab. Und doch kann ein Gärtner Moos nutzen: als Sud gegen Schneckenfraß (s. S. 151).

Eine grundsätzlich antimikrobielle Wirkung von Moos gegen viele Pilze und Bakterien war bereits Naturvölkern bekannt, auch wenn uns die genauen Rezepturen oft nicht überliefert sind. Wikinger wickelten ihren Fischvorrat in Torfmoosballen ein. Die Windeln der nordamerikanischen Indianer bestanden aus Moosen. Von den Maori in Neuseeland ist bekannt, dass sie Geschlechtskrankheiten oft erfolgreich durch Auftragen eines Moosbreis behandelt haben. Im Ersten Weltkrieg verwendete das kanadische Militär häufig Wundkompressen aus Moos. Allerdings empfehle ich lieber, Kriege zu verhindern, als Moos für Verwundete einsetzen zu müssen, was dann doch schnell an seine Grenzen kommt. Auch die traditionelle chinesische Medizin hält viele Moosrezepte bereit, deren westlich wissenschaftliche Überprüfung noch aussteht. Patentiert sind Moosextrakte für Pilzinfektionen auf der Haut von Pferden, die nicht im Verdacht stehen, Heilung auf Placebowirkung schieben zu können. Auch so

Moose zu berühren ist eines der schönsten Tastgefühle, die man in Natur haben kann, hier mit *Polytrichum formosum*. Machen wir es doch immer wieder. Darum Moos!

mancher Fußpilz ist schon verschwunden, wo andere Salben weniger nützten. Lebermoose (Handelsname »Lebermooser«) scheinen recht effizient zu sein, und zwar auch im Pflanzenschutz. Die moderne biochemische Forschung ist an den Inhaltsstoffen von Moosen interessiert. Im Oktober 2018 wurde ein Wirkstoff aus Lebermoosen der Gattung *Radula* entdeckt, von dem man hofft, dass er als Cannabinoid ein therapeutischer Cannabisersatz sein wird.[3] Sicher wird das nicht die letzte medizinische Möglichkeit mit Moosen sein.

Aus meiner Sicht ist ein Moosplatz aber kein Nutzgarten im essbaren oder pharmazeutischen Sinne, sondern ein Platz für die Seele, zur relativen Ruhe und für Wohlbefinden, Lebensraum für sonst unbeachtete Tiere und achtbare Menschen. Intakte Naturgebiete, große und kleine, sind für die Gesundheit von Menschen unersetzlich. Auch darum geht es im Naturschutz – mit Moos. Tief durchatmen, Natur verstehen, sich selbst zurücknehmen.

Moose genießen

*Denn in den Wäldern sind Dinge,
über die nachzudenken man jahrelang
im Moos liegen könnte.*

Franz Kafka,
Eine Freundschaft. Briefwechsel

Moos-Plätze

Naturvorkommen als Vorbild

Wo gibt es natürlicherweise Moos? Was sind Naturvorbilder für Moosgärten? Bei näherem Erkunden erkennt man eine atemberaubende Vielfalt und eine durch sie mitbestimmte Einzigartigkeit jedes Naturortes. Hiermit lade ich Sie ein zur Entdeckungsreise quer durch die Welt – und Ihnen auch ganz nahe.

Naturgemäß gibt es Mooslebensräume weltweit. Große Vorkommen finden sich auf der Nordhalbkugel in der borealen Zone und Tundra, auf der Südhalbkugel an den Südzipfeln der Kontinente, in Wäldern und auf den Felsen der Inseln. In Europa gibt es die größten Moosflächen in Skandinavien, in den Alpen, auf den Britischen Inseln, in Mitteleuropa vor allem auf feuchten Blockschutthalden, in fast allen Wäldern und begleitend zu Bächen.

Kleinflächiger sind sie in allen Lebensräumen vertreten, sogar im Süßwasser. Torfmoose als eigene Moosgruppe bilden maßgeblich die Moore. Was aber macht einen Ort moosreich?

Das, was Moose lieben!

Die Luftfeuchte bestimmt größtenteils den Moosreichtum, denn Moose nehmen nur über ihre Oberfläche Wasser und Nährstoffe auf. Dementsprechend wachsen in luftfeuchten Gegenden Moose in besonders hoher Artenzahl mit vielen Individuen. Dort befinden sich die moosreichen Wälder, die mich so verzaubern. Doch auch in Trockengebieten wachsen Moose, sehr viel kleinflächiger und als interessante Spezialisten.

Dass in kalten Regionen sowie in Gebirgen viele Moose wachsen, liegt daran, dass in kalter Luft oder bei nächtlicher Abkühlung die relative Luftfeuchte hoch ist. Zweitens sind dort meist flachgründige, felsenreiche oder saure Böden zu finden, auf denen Moose zusammen mit Flechten den Blütenpflanzen überlegen sind. Und Moose werden nicht so rasch von Gefäßpflanzen überwachsen, weil sie bei kühlen Bedingungen besonders gut, Blütenpflanzen aber nur noch langsam wachsen können. Auch wenn der Boden sehr nass ist, haben manche Moosarten mehr Vorteile gegenüber anderen Pflanzen. So gibt es wunderschöne Moosbilder in tiefen Tälern, Klammen und Schluchten sowie rund um Wasserfälle, besondere Lieblingsorte von mir.

Bild links: An Bächen mit ihrer Luftfeuchte fühlen sich viele Moose besonders wohl.
Dort entsteht fortwährend eine Sinfonie aus Farben, Formen und Tönen plätschernden Wassers.

In den Tropen und allen Regenwäldern ist zu beobachten, dass Moose fast nur auf Bäumen aufsitzen, selten am Boden, und wenn, dann vor allem an Gewässerufern und Felsen. Vor allem im zentraltropischen Regenwald gelangt direkt auf den Boden eher weniger Wasser und es gibt dort kaum Bodenmoose, im Unterschied zu manchen europäischen Wäldern. Die Moose schaffen es sogar, die Kraft der heftigen Regengüsse etwas abzufangen, Nebel zu nutzen und das zurückgehaltene Wasser vorteilhaft maßvoll ihren Trägerbäumen zuzuführen.

In der Bergstufe tropischer Nebelwälder, den Krummholzwäldern, sind die Bäume üppig moosbewachsen und ergeben ein märchenhaft anmutendes Bild. Es wird oft als »Elfenwald« bezeichnet. Einige relativ gut zugängliche Elfenwälder gibt es auf den Karibikinseln, zum Beispiel: auf Grenada: Grand Etang National Park & Forest Reserve; Guadeloupe: Basse-Terre, Nationalpark Guadeloupe; Saba: Mount Scenery, Elfin Forest Reserve. In Afrika, Südostasien und Südamerika gibt es viele größere Elfenwälder, die aber meist viel schwerer zugänglich sind.

In mitteleuropäischen Buchenwäldern, dem hier so typischen Naturwald, finden sich direkt auf dem Erdboden eher weniger Moose. Denn die dort hohe Laubschicht macht es ihnen nicht leicht. Dennoch sind europäische Wälder moosreich. Das Moos konzentriert sich auf Wurzeln, stehende und liegende Baumstämme, aus der Laubschicht herausragende Steine und Felsen sowie auf flachgründige oder feuchte Stellen, wenn dort regelmäßig weniger Laub liegen bleibt.

Natur-Inspiration: Wer mit Moosen gestalten oder sie genießen möchte und nicht gerade auf die in diesem Buch weniger behandelten Trockenspezialisten zielt, macht es sich am einfachsten, wenn er Stellen hoher Luftfeuchte und dort flachgründige Böden, Steine, Felsen und alte Bäume aufsucht, nutzt oder entwickelt. Ein Blick auf moosreiche Naturstellen hilft immer.

Moos grandios – Moos der Berge

Im Hochgebirge gibt es sehr viele Moosflächen. Dort müssen Moose unter extremen Bedingungen wachsen: Es gilt, hohe Temperaturschwankungen und Sonnenstrahlung auszuhalten. Allerdings gibt es besondere Nischen wie Quellfluren, schattige Felsritzen und Nebelhänge, die für Moose ideal sind und wo nur wenige Blütenpflanzen mit ihnen konkurrieren.

Im hochalpinen Furka-Gebiet, einer der alpinen Hotspots biologischer Vielfalt in der Schweiz, konnten Forscher bis 2018 166 Moosarten nachweisen.[5] Darunter sind anpassungsfähige häufige Arten des Flachlandes, die auch im Gebirge gut gedeihen. Ebenso gibt es aber ausgesprochene Gebirgsspezialisten mit so wunderschönen Namen wie Alpen-Kissenmoos *(Grimmia alpestris)* auf silikatischem Gestein, Schleichers Birnmoos *(Bryum schleicheri)* in Quellfluren, das Zungenmoos *(Tortula hoppeana)* oder

Moos gibt es auch in voller Sonne und auf Kalkstein: In den niederschlagsreichen Alpen wachsen über der Baumgrenze Moose, die Extremverhältnisse nicht nur tolerieren, sondern auch den Boden für weitere Organismen bereiten (hier karstiger Gottesacker am Hohen Ifen, Kleinwalsertal, Österreich).

das Flügel-Lebermoos *(Nardia breidleri)* auf Schneeböden. Die höchste Vielfalt an Boden und Stein bewohnenden Moosen Europas finden wir in den Nordalpen und auch im Kaukasus.

Als Pionierpflanzen fördern Moose im Gebirge die Bodenbildung und bereiten die Besiedlung durch weitere Pflanzen vor. Das, was Moose überall tun, wird dort besonders wichtig: Sie schützen ein wenig vor Erosion, sind Lebensraum für Kleintiere und Wasserspeicher.

Natur-Inspiration: Wer im Gebirge wohnt, kann einen Moosgarten mit solch speziellen Arten gut anlegen oder die Natur dort als besonders faszinierenden Moosgarten betrachten. Ähnlich ist das für nordische Regionen. Im europäischen Flachland gilt analog das Prinzip der Nischenvielfalt: Durch ein gestaltetes Angebot an Steinen, Ritzen, Aushöhlungen, allgemein Strukturvielfalt kann nach dem Vorbild der Natur Lebensraum für viele verschiedene Moose geschaffen werden.

Eldhraun (Island): wilde Mooslandschaft auf Lava

Faszination Leuchtmoose! *Moos-Wissen-Blickpunkt 8*

Es gibt Moosarten, die leuchten. In Mitteleuropa ist es die Art *Schistostega pennata.* Als kleine, bis 1,5 cm hohe Moosrasen kommt sie in dunklen, regengeschützten, aber luftfeuchten Spalten in Schiefer, Sandstein oder Granit (alles saure Gesteine und Böden) in den europäischen Mittelgebirgen vor. Entlang des Rheines in den Schieferfelsen wird das auch »Rheingold« genannt.

Die Ursache des Leuchtens ist physikalischer Natur: Die kleinen Moospflänzchen, genauer gesagt deren Protonema (Vorkeime, die flächig sein können, s. S. 44), besitzen linsenförmige Zellen. Schwach einfallendes Licht wird von den Chloroplasten in den Zellen gebündelt, die dadurch bei fast völliger Dunkelheit noch Fotosynthese betreiben können. Der andere Teil des einfallenden Lichtes wird von der gekrümmten Zellrückwand reflektiert. Das Leuchten ist also ein »Katzenaugeneffekt« bei Schwachlichteinfall und keine aktive Lichtabstrahlung.

Leuchtmoose dürfen nicht der Natur entnommen werden und sind daher in Moosgärten nicht relevant. Weil Leuchtmoos aber ausbreitungsstark ist, kann es auch mal von selbst kommen, wenn man ein geeignetes Mikrohabitat anbietet und Glück hat. Es wurde sogar schon in Ställen und Kellerritzen gefunden.

Moos mystisch – Moosfelder und Moosstufen

In nordischen Landschaften gibt es besonders große Moosflächen. Durch ihr bezauberndes grünes Bodenbild berühren sie nicht nur ausgewiesene Moosfreunde. Die großartigen Moosfelder von Eldhraun (Island) sind wegen der Moose eine Touristenattraktion. Und entlang der Fjorde Norwegens sowie spiegelbildlich auf der Südhalbkugel im Fjordland Neuseelands betupfen mystisch wirkende große Moosflächen einige der spektakulärsten Landschaften des Planeten.

Auch rund um Wasserfälle überall auf der Welt lassen sich wundervolle Steinstufen mit Moosen in besonders grandioser Szenerie entdecken: überrieselte Moos-Felsen, moosreiche Bäume und laubmoosreiche Böden in schönster Intensität.

In diesen moosreichen Landschaften fühle ich mich dem Leben verbunden, spüre das Glück: zu Hause auf dem Planeten Erde – meine Heimat! Und die braucht doch jeder, auf seine eigene Art, sicher auch im Kleinen: Verbinden wir Moose und Menschen aufs Angenehmste.

Natur-Inspiration: Solche Orte können neben dem puren Genuss viele Anregungen für den eigenen kleinen Moosgarten schenken. Besonders attraktiv wirkt eine strukturreiche Geländemodellierung mit sanften, durchgehend grünen Höhen und Tiefen, aber auch so manchem Stein, der dieses plötzlich durchbricht.

Heimat Moos!

Weil »Heimat« abstrakt und als Begriff manchmal missbraucht scheint, aber doch wichtig ist, berichte ich vom eigenen Beispiel, das anregen darf.

Als meine Frau und ich nach dem Studium nicht in einer Stadt leben wollten, ich aber im städtischen Büro einer Naturschutzbehörde arbeitete, hatten wir eine Wohnung in einem Neubaugebiet am Rande des Ballungsraumes bezogen. Das freie Grün war nah, und doch war alles Städtische gut erreichbar, ein Kompromiss, wie ihn viele suchen. Aber für meinen Blick gab es dort zunächst nur gleich aussehende Häuser mit gleich aussehenden Gärten und eintönigem Rasen. Ein wohliges Heimatgefühl, das ich als Natur-Mensch brauchte und mir Kraft geben sollte, fand ich zunächst nicht.

Allerdings fand ich im nahen »unordentlichen« Buchenwald abseits der Hauptwege bald ein wildes Nebentälchen mit einem winzigen Quellbach, eingebettet in nur etwa 30 Quadratmeter buckelige Moosfläche. Ein für mich idyllisches Plätzchen, eine Mini-Oase voller Moos und Ruhe mit leisem Bachgemurmel. Dort fühlte ich mich wohl. Bald wurde es mir zur Gewohnheit, nach guten und weniger guten Arbeitstagen dorthin zu kommen und innezuhalten. Ich legte mich gelegentlich ins Moos, ertastete seine Zartheit mit den Händen, fühlte einfach Leben und Kraft aufsteigen, ganz erdverbunden. Daraus entwickelte sich langsam ein Heimatgefühl, sogar für das nahe Neubaugebiet, das für mich mit diesem persönlichen Kraftort und Rückzugsort eng verbunden ist.

Nach und nach öffneten wir uns, vielleicht auch dank dieser Wohlfühlkraft, und lernten nette Menschen kennen. Die Gärten und Häuser sahen mir bald nicht mehr alle gleich aus, und es wurde eine gute Zeit. Dass unsere erste Tochter dort zur Welt kam und wir sie im Tragetuch mit zu diesem Ort nahmen, festigte das schöne Gefühl. Dass aber dieser kleine Platz, wie ich später erfahren musste, durch »forstliche Maßnahmen« entstellt, das Moos zerstört und der Bach gefasst wurde, festigte mein Engagement als Naturschützer.

Natürlich dürfen sich Orte verändern, Natur und Kultur sind dynamisch, Zukunft darf gestaltet werden. Moos wächst wieder nach. Aber Veränderungen von unnötigen Zerstörungen wie in diesem Fall zu trennen, das wurde mir zur großen Aufgabe. Meine damalige Zeitstelle lief planmäßig aus, wir zogen um, hinein in neue Naturschutzprojekte. Der kleine Moosplatz mit dem Heimatgefühl auf Zeit lebt in meinem Herzen weiter und zeigt, dass man fast überall Heimat finden kann – und dass schöne Moosplätze dazu beitragen.

Moos geht nahe – Geborgenheit und Offenheit

Heute lebe ich mit meiner Familie im schönen Naheland, der vielfältigen Region zwischen Saarland und Bingen am Rhein, zwischen Hunsrück und Pfälzer Wald rund um das idyllische Flüsschen Nahe. Von dort aus entdecke ich weiterhin meine eigentliche größere Heimat: diesen immer noch so wunderbaren Planeten.

In nächster Umgebung habe ich einige Lieblingsplätze, die – Sie ahnen es schon – natürlich moosreich sind. Dabei möchte ich kein Moos-Fanatiker sein. Fanatiker – egal wofür – empfinde ich meist als bedrohlich, vor allem, wenn sie Heimat an irgendwelchen Grenzen für alle festmachen wollen. Weil Moose als Sporen grenzenlos um die Welt reisen, sind wir mit Moos immer auch weltverbunden. Geschützte Geborgenheit und grenzfreie Offenheit sind kein Widerspruch – im Moos. Das finde ich wichtig, zu erkennen.

Natur-Inspiration: Vielleicht hat mancher Leser schon einen Lieblingsplatz mit Moos oder sucht jetzt einen, mit der Sehnsucht nach Ruhe oder auf der Flucht vor Verletzungen unserer Zeit. Moos tut gut und macht Mut: Öffnen Sie sich und probieren es einfach aus. Wenn Sie einen Moosgarten gestalten, reichern Sie ihn mit Elementen an, die Sie besonders gerne mögen, auch persönliche Kunstwerke, die sich bemoosen dürfen: Ihr moosgrünes Zuhause, zum Wohlfühlen. Heimat Moos!

Moose in mitteleuropäischen Regionen

In diesem Naheland wird beispielhaft und wissenschaftlich nach Moosen geforscht. Mein Kollege Steffen Caspari aus dem Saarland, heute einer der versiertesten Mooskenner Deutschlands, hat für seine Doktorarbeit zwischen 1994 und 2002 fast alle 1200 natürlichen größeren Stein- und Felsstandorte dieses Großraumes aufgesucht. Allein dort konnten in beeindruckender Fleißarbeit 560 verschiedene Moosarten festgestellt werden, darunter viele Neufunde.[6] Die vielen großen und häufigen Bodenmoose, die sich für einen Moosgarten besonders gut eignen, sind da noch nicht einmal dabei. Weil sich viele Moose über Sporen gut verbreiten können, zeigt das aber auch das Potenzial, wie viele tolle Moose sich bei Bereitstellen geeigneter Standorte mit der Zeit einstellen können.

»Warum machst Du das?«, fragte ich den viel beschäftigten Steffen Caspari eines Abends, als wir zusammensaßen und anlässlich der Entstehung dieses Buches unsere Sichtweisen und Detailkenntnisse zu Moosen diskutierten. »Diese Vielfalt im Kleinen ist so faszinierend, die geheimen Winkel und das Wunder, hinter der nächsten Ecke eine Überraschung zu entdecken. Es ist eine Art Sammel-und-Detektiv-Spiel. Jedes Moos ist einzigartig schön.« Und er ergänzte: »Moose scheinen mir nicht ganz so vergänglich zu sein wie andere Pflanzen. Ich kenne Moospolster zum Beispiel am Hellberg bei Kirn an der Nahe, die wachsen Jahrzehnte, vielleicht Jahrhunderte auf demselben Fels. Das finde ich so kraftvoll und faszinierend. Dort fühle ich mich sehr wohl.« Wir blickten einander an – und verstanden uns. In der Tat führen ihn seine Exkursionen in einer eigentlich sonst gut bekannten Region zu einsamen Bacheinschnitten, zu Blockschutthalden und Felsentälchen, die mitten in der Welt wie aus einer anderen Welt scheinen. »Wer Moos sucht, wird verborgene Kraftorte finden, eine eigene Art Heimat«, ergänze ich für mich. Moose hat es überall in Vielfalt, wenn man einen Blick für sie entwickelt. Und der ist für fast alle möglich. So gibt es in vielen europäischen Regionen Mooskartierungen und Moosforschungen (s. S. 198).

Natur-Inspiration: Ziehen Sie aus Naturvorkommen Gestaltungsinspiration für Ihren Moosgarten. Vielleicht können Sie einige der Bilder oder Elemente daraus im Kleinformat nachbauen. Und wer bei Moosexkursionen nicht allein sein möchte oder tiefer in die Mooskunde einsteigen will, findet ab S. 197 nützliche Hinweise, auch Einstiegshilfen, für Mooskenner und solche, die es werden wollen.

Moos – der Baumeister

Manche glauben, Moos verhalte sich passiv und wüchse einfach dort, wo sonst wenig anderes wächst. Das stimmt meist. Umso überraschter werden Sie vielleicht sein, wenn ich Ihnen darlege, dass Moos auch aktiv ist, Lebensräume formen und ganze Landschaften gestalten kann.

Dazu lade ich Sie zunächst in die waldreiche Eifel im Schnittraum von Rheinland-Pfalz und Nordrhein-Westfalen ein. Wiesentäler durchziehen die Wälder. Dort belauschen wir die Szene einer Familienwanderung: »Hey, da ist ja ein Elefant!« Begeistert rennt ein Mädchen aus dem Wald auf ein grün schimmerndes Gebilde zu, das tatsächlich, wenn auch etwas unförmig, an einen Elefanten erinnert, nur ohne Rüssel. Vergessen ist: »Wann sind wir endlich da?« – kurz zuvor noch hervorgepresst im Kinder-Stöhn-Sopran. Nun sprudelt alles: das Mädchen mit Worten und Schritten. Die jüngere Schwester, aufgeregt trippelnd am Arm der Mutter. Das Wasser über den grünen Elefanten. Und der Vater, ich, der begeistert verkündet: »Kinder, wir sind da. Das ist der Wasserfall Dreimühlen, auch Nohner Wasserfall genannt. Der ist ein kleines Naturwunder, einer meiner Lieblingsorte, weil hier Moos und Kalziumkarbonat ...« »Erzählbär?«, unterbricht mich liebevoll hauchend meine Frau mit einem Kuss. Und nun sprudle auch ich, innerlich voll Glück, und lieber schweigend.

Zusammen betasten wir das nasse Moos und lassen uns von der kleinen Gischt erfrischend die Haut benetzen. *Palustriella commutata* (Synonym: *Cratoneuron commutatum)* ist eines der nur auf Kalk vorkommenden Moose mit der besonderen Eigenschaft der Sinterbildung. Solch neues Gestein bildet sich zunächst abiotisch, ohne Zutun von Moosen: Kalk, geologisch bedingt in Kalksteingebieten im Wasser gelöst, fällt durch Herabsetzen des Kohlenstoffdioxid-Partialdruckes bei Wasserturbulenzen und Luftzufuhr aus (ähnlich: Tropfsteinbildung). Aber Moose unterstützen maßgeblich: Sie leben von Wasser und Kohlenstoffdioxid, betreiben Fotosynthese. Ihr Kohlenstoffdioxidverbrauch fördert die Kalkausfällung. Das neue Gestein ist Kalziumkarbonat, es wird auch Kalktuff (ungeschichtet, mit Hohlräumen und Einschlüssen) oder Travertin (geschichtet, dichter) genannt und gemeinhin unter dem Oberbegriff »Sinter« gefasst. Es wird vor allem durch Moos festgehalten und gebunden. Moos dient dabei als Gerüst, es wird überkrustet. So verändert sich das Gebilde laufend, auch die Rinnsale. In einem Jahr sind 10 cm Wachstum möglich. Dieser »Elefant« ist ein veränderlicher Wasserfallhügel dank Moos. Und vielleicht werden Sie dort demnächst anstelle eines Elefanten ein Nashorn, ein Krokodil oder einen Igel entdecken.

Dieses Prinzip der Sinterbildung und Landschaftsgestaltung durch Moose gibt es weltweit in Kalkgebieten mit Wasserläufen. Einer meiner Paradiesorte in Europa sind die Plitvicer Seen in Kroatien. Die umliegenden waldreichen Bergregionen liefern viel

Kalkmoose wie *Palustriella* sind es, die Kalkgebilde und Sinterterrassen wie hier den Nohner Wasserfall (Eifel) bilden.

Wasser. Aus dem kalkreichen Gestein wird Kalk im Wasser gelöst. Dortige Kalziumkarbonate werden durch *Palustriella*-Moose gebunden, ganz wie am Nohner Wasserfall. Hinzu kommen in Plitvice die Moose *Bryum pseudotriquetrum, Cratoneuron filicinum, Eucladium verticillatum* und *Philonotis calcarea* mit ähnlicher Funktion. Sinterterrassen und Wasserfälle entstehen, vergehen. Damit ändern sich die Wasserläufe. Und wer genau hinblickt, entdeckt im Travertin Moosstücke, als wollten Moose zeigen, wer dort am Werke ist. Moose schaffen sich ihr eigenes Denkmal in Stein.

Dabei kommen in Plitvice gewichtige andere Faktoren hinzu: Die Fließkraft des Wassers, Erdrutsche und Tiere verändern das Gelände. Neben Moos binden Kieselalgen, Bakterien und weitere Wasserpflanzen Kalk. Neuere Untersuchungen zeigen, dass Moos nicht allein die größte Kalksteinbildung verursacht. Durchlüftung und Zerstäubung des Wassers sind dafür noch wichtiger als die Moose. Die Hauptrolle von Moos ist in Plitvice die des besten Haftsubstrates. Moos, ein vielseitiger Teamplayer, Landschaft das Traumergebnis. Nicht nur Landschaftsformen sind das Ergebnis von Moosen. Auch viele Bauwerke sind aus dem mit Moos entstandenen Travertin gebaut. Spuren seiner vorgeschichtlichen moosigen Entstehung sind als blaue, grünliche oder graue Adern sichtbar im Stein. So ist zum Beispiel der Petersdom (Vatikan) teils mit Travertin gebaut, zwar nicht aus Plitvice, aber aus dem römischen Tivoli.

Moose gestalten ganze Landschaften, indem sie in Kalkgebieten Sinterterrassen mit bilden: hier die dank Moosen traumhaften und wasserfallreichen Plitvicer Seen (Kroatien).

Natur-Inspiration: Wer einen Wassergarten anlegt, egal wo, kann mit Terrassen und kleinen Wasserläufen Miniatur-Paradieslandschaften gestalten – aber bitte mit Moos. In Kalksteingebieten finden Sie im Kleinen sogar ähnliche Prinzipien wie dargelegt, wenn Wasser unregelmäßig plätschern darf. Mit der Zeit können Mini-Sinter wachsen. Allerdings darf das Moos Palustriella nicht der Natur entnommen werden, es kommt aber mit der Zeit oft von selbst über Sporen.

Moosplätze, an denen Natur und Kultur vereint sind

Es gibt Orte, die erst moosreich wurden, weil der Mensch sie umgestaltet hat. Ein Beispiel sind Fichten- oder Douglasienforste. Sie gelten als naturfern. Gerade dort sind ausgeprägte Moosteppiche zu finden. Denn im tiefen Schatten und auf durch Nadelstreu angesäuertem Boden sind Moose den meisten Blütenpflanzen überlegen. Ich kritisiere diese naturfernen »Holzäcker«, die statt heimischer Laubwälder angepflanzt wurden, freue mich aber doch, dass sich unser heimisches Moos dort ausbreitet: ein tiefgrün leuchtender Hoffnungsschimmer für Natur!

So kann man in dunklen Forsten oft gewisse Moosgärten erkennen. Dürften dort wieder natürliche Laubwälder entstehen, ginge dieses Moos zwar in seiner Menge zurück, bliebe aber im Kleinen vorhanden und würde die eigentlich dort zugehörigen Lebewesen unterstützen. Derzeit verstehe ich es als Statthalter, ja Mahner, vielleicht auch als Protest gegen eine naturferne Bewirtschaftung – und als buchstäblich grüner Boden für eine anzustrebende natürlichere Zukunft.

Weniger naturfern aussehend, aber doch kulturabhängig entstanden, sind ehemalige Niederwälder der europäischen Mittelgebirge, meist mit Eichen und Hainbuchen in Hanglagen. Dort wurden die Bäume zur Brennholzgewinnung immer wieder auf den Stock gesetzt. Oder dem Boden wurden in früherer Waldweide Nährstoffe entzogen. So sind flachgründige, ausgelaugte Böden entstanden, auf denen Moose Konkurrenzvorteile haben, obgleich diese Wälder im Gegensatz zu Nadelforsten lichtdurchflutet sind. Kultur und Natur sind dort anmutig in Form von Flächen ähnlich eines Moosgartens verbunden.

Natur-Inspiration: Moose auch in lichtem Baumbestand können als Moosgarten geradezu magisch wirken. Wichtig ist jedoch ein flachgründiger, eher saurer Boden. Hohe Luftfeuchte ist dann zwar nicht so nötig, macht Moosreichtum aber noch einfacher.

Die Stadt der Moose

Moose gibt es auch mitten in der Stadt. Auffällig unauffällig? Schauen wir genau hin. In Stadtlandschaften gibt es viele Lebensraumstrukturen, die hoch attraktiv für Moose sind. Statt natürlicher Felsen gibt es Häuser, Mauern und Pflaster. Friedhöfe und Parks enthalten oft mehr alte Bäume als so mancher Wirtschaftswald. Wiesen, Brachen und Grünstreifen sind in Städten oft flachgründig und mit weniger Düngung belastet. Neben sonnigen, sich aufheizenden Flächen gibt es sehr viele Schattenbereiche.

Weiße (Kiesel-)Steine im grünen Moos sind oft eine schöne und einfache Kombination, die natürlich wirkt. Bei einem Natur-Moosgarten sollten sich eingebrachte Objekte organisch in das Moosensemble einfügen.

Moos macht rasend!?

Moos-Wissen-Blickpunkt 9

Ein weit verbreiteter Kampf ist der des Rasengärtners gegen Moos. Übernimmt das Moos die Macht, macht es den Gärtner rasend. Neben solcherart Wortspielen ist der Konflikt voller Vorurteile, die hier mit Fakten klargestellt werden sollen.

Moose können Gras nicht töten. Sie wachsen einfach nur dort, wo geeignete Bedingungen für sie herrschen. Das sind solche Bedingungen, die Rasengras weniger mag und daher von selbst zurücktritt: verdichteter Boden, saure Erden, nasse oder feuchte Stellen, schattige, baumüberdeckte oder nordexponierte Ecken. Es ist sinnlos, das Moos dort zu töten, weil die grasfeindlichen Standortbedingungen fortbestehen.

Wer das Moos weg haben möchte (Warum eigentlich? Es gibt keinen Grund außer Geschmack!), muss die Standortbedingungen nachhaltig ändern. Das heißt: Schattenquellen beseitigen, Boden durchlüften (vertikutieren), Boden kalken – meist aber reicht ein Faktor alleine nicht aus. Besser ist es daher, mit dem Moos zu leben oder gar an solchen Stellen das wenige Gras zu entfernen und mit dem ersten eigenen Moosgarten zu beginnen.

Ein Rasen benötigt Moos sogar: In einem gesunden Rasen und erst recht in Naturwiesen gibt es, wenn auch nicht immer dominant, wenigstens ein paar kleine Moose (»Moosschicht«), die einfach dazugehören und keine nennenswerte Konkurrenz zum Gras sind. Im Gegenteil: Über ihre Fähigkeiten, Luft zu filtern, Wasser abzugeben und den Boden zu schützen, unterstützen sie letztlich das Wiesengrün. Gute Rasengärtner und Wiesenfreunde leben immer auch mit Moos – und Toleranz.

Stellen wir uns vor: Ordnungssinn und Stadtreinigung sind ausgeschaltet, Moose werden nicht mehr entfernt. Bald sind viele Mauern, Dächer und Gebäude mit Moosen bewachsen. Eine »Moos-Stadt« könnte entstehen, im Zusammenspiel mit Flechten und bald auch anderen Pflanzen. Zöge sich der Mensch zurück, entstünde schneller als sich manche vorstellen mit den Jahren ein felsenreicher Dschungel, ein strukturreiches, neuartiges Naturparadies. Erschreckt Sie der Gedanke oder mögen Sie ihn?

In jedem Fall ist es überaus (ent-)spannend, durch die Siedlung zu schlendern und gezielt nach Moosen Ausschau zu halten, den Pionieren der Natur. Auch sollte man sich dafür einsetzen, dass Moose nicht aktiv entfernt werden, wo immer das geht. Denn sie schaden nicht. Wer darauf achtet, findet heute schon Moose fast überall in der Stadt, oft noch ganz klein und versteckt, vielleicht in Wartestellung.

Der hohe »Mooswert« der Städte hängt auch damit zusammen, dass der ländliche Raum immer monotoner wird. In der Landwirtschaft wird weiter intensiviert, gespritzt, überdüngt, begradigt, die Flur ausgeräumt. Stadtferne Wirtschaftswälder werden meist stärker bewirtschaftet als städtische Parks und stadtnahe Waldbereiche, die mehr der Erholung dienen. Und Dörfer, insbesondere Neubaugebiete, haben inzwischen oft weniger Lebensraum für Wildkräuter und Moose als so manches Stadtviertel.

Derzeit werden die Städte teils provokant, teils aber korrekt als die besseren Lebensräume angesehen, so auch der speziell dazu viel zitierte bayerische Ökologe Josef Reichholf: ein vernichtendes Urteil über unseren Umgang mit Natur außerhalb der Städte! Denn freie Landschaften mit unzerschnittenen Wäldern, dynamischen Auen und einer verträglichen Landwirtschaft sind unersetzlich für Biodiversität. Stadtnatur hat ihre Grenzen im Wert, wie man mit Blick auf Zerschneidung, Lärm, Stoffeinträge durch Industrie und weitere Gefährdungen durch Straßenverkehr sehen kann. Für Moose ist vor allem die städtische Luftverschmutzung limitierend. Es kommen nur Arten vor, die schadstofftolerant sind, empfindlichere fehlen in Städten.

Die »Moosgrün-Kamera«: Moos neu sehen! *Tatgeber 4*

Ein Klassiker der Naturerlebnisbildung ist das Spiel »Kamera« (frei nach Joseph Cornell), um unseren Hauptsinn, die Augen, auf sensiblen Moosempfang zu bringen:

Augen schließen. Still bis zwanzig zählen. Sich mit geschlossenen Augen von einem Partner zu einer Moosstelle führen lassen, wenn man nicht bereits dort ist. Dann drei bis fünf Sekunden (nicht länger!) die Augen auf – und ins Moos blicken. Durch die vorherige Dunkelheit werden Sie im Kontrast die Farben und Formen beeindruckend intensiv erleben. Sie nehmen kurz und konzentriert alles bewusster wahr: einzigartige Momente von Grün, Farbspiele und Formen, die Sie zuvor nicht beachtet hatten. Wer möchte, darf diesen Moment auch zeichnerisch auf Papier festhalten.

Für Stadtplaner ist es eine lohnende Herausforderung, wilde moosreiche Bereiche an vielen Stellen zu belassen, vielleicht sogar zu inszenieren und zu fördern, wo immer das sein darf. Angesichts des oft schlechten Rufes von Moos als »unordentlich«, »dreckig« oder »schädlich« sollte die Bevölkerung einbezogen und informiert werden, zum Beispiel durch gut gemachte Schilder, Veranstaltungen, vielleicht sogar Moosfeste.

Allein schon aufgrund der Feinstaub-Filterleistung der Moose wäre es regelrecht absurd, natürlich wachsende Moose in der Stadt zu entfernen – und dafür vielleicht teure Mooswände oder technische Installationen zur Luftverbesserung zu kaufen. Und zum Beispiel in Abflussrinnen trägt Moos zumindest ein wenig zur Wasserrückhaltung und Wasserreinigung bei, die auch in Städten so wichtig sind. Moos bitte einfach sein lassen!

Natur-Inspiration: Moosgärten privat oder in Parks anzulegen, ist auch in Städten nicht nur möglich, sondern voll wundervoller Möglichkeiten (s. auch S. 200). Allerdings muss man dort wohl mit den häufigeren und toleranteren Moosarten vorliebnehmen, sodass es weiter wichtig ist, sich für mehr intakte Natur auch außerhalb der Städte einzusetzen, um dort die vielen luftempfindlicheren Moosarten in die Zukunft zu tragen.

Lost places

Nicht mehr genutzte oder vergessene Orte, aufgegebene Bauten, Ruinen und Industriebrachen werden gerne als »lost places« bezeichnet und entfalten einen eigenen Reiz: Als scheinbar verlorene oder vergessene Orte lassen sie romantische oder skurrile Bilder entstehen. Sind sie beschattet oder luftfeucht, wachsen viele Moose. Und Burgruinen mit Moosen gelten schon lange als Inbegriff der Romantik.

Hier kommen die Eigenart und Kraft der Moose zum Tragen, als Pionierpflanzen solche Orte relativ schnell in Besitz zu nehmen. Tut der Mensch nichts, können daran weitere Pflanzen und Tiere ansetzen. Aus Menschenwerk wird Wildnis.

Das gilt auch für meinen Moosgarten in Staudernheim (s. ab S. 79). Mauern und Gerätereste sind von Moosen überwachsen: Ein Bild, das Besucher je nach Persönlichkeit begeistert, nachdenklich macht, berührt. Wir Menschen sind überaus vergänglich und von Natur schnell vergessen, wenn wir nicht mehr aktiv gestalten können. Moose aber kommen mit als Erste zurück, wenn wir gegangen sind.

Natur-Inspiration: Eine Art Bauromantik können Sie attraktiv im Moosgarten einbauen, indem Sie aus Steinen vielleicht eine kleine Ruine bauen und sich bemoosen lassen. Alte Geräte oder Mauerreste, die keine Gefährdung darstellen, kann man sich selbst überlassen. Statt Aufräumen entstehen eine ästhetische Installation und ein Denkmal mit Moos, das zum Nachdenken anregt.

Hat dieser natürliche Moosteppich nicht Anklänge an eine Weltkarte? Lassen Sie Ihrer Fantasie freien Lauf! Moose besiedeln wir hier auch relativ trockene Gebiete, wenn es dort wenigstens kleine beschattete Plätze gibt oder Luftfeuchte ankommt (Dünen von Son Real im Norden der Mittelmeerinsel Mallorca).

Wer einmal den Moos-Blick hat, sieht überall Moose

»Man sieht nur, was man weiß«, so ein Zitat von Goethe. Wer von Moosen weiß, etwas Hintergrundwissen über sie hat und auf sie achtet, sieht sie dort, ja dort, genau vor Ihnen, und fast überall, wo andere sie nicht sehen oder nicht beachten.

»Man liebt nur, was man kennt« und »man schützt nur, was man liebt« sind daran anknüpfende bekannte Spruchfolgen, mit denen ich als Naturschützer und Umweltbildner lebe und zu vermitteln versuche. Richten und schärfen wir den Blick auf natürliche Vorkommen von Moosen: weil sie es wert sind und als Anregung für eigene Gestaltungen dienen. Moos allein macht die Natur nicht aus, Natur ohne Moos aber ist nicht denkbar.

Wer einmal den Blick für Moose entwickelt hat, gerne auch angeregt durch meine Zeilen, wird allmählich überall Moose sehen, die wohl zuvor schon da waren, aber sonst kaum beachtet wurden. Die ganze Welt ist ein Moosgarten!? Wir verstehen uns.

Moos-Träume

Bestehendes als Inspiration

Moose und Felsen unterhalten sich seit uralten Zeiten, eine wahre Poesie: über Licht und Schatten und die Verschiebung der Kontinente. Eine Art Dialekt von Moos auf Stein – Schnittstelle von Unermesslichkeit und Winzigkeit, von Vergangenheit und Gegenwart, Weichheit und Härte, Stille und Lebendigkeit, Yin und Yang.

Robin Wall Kimmerer,
Gathering Moss

Die natürlichen Moosplätze haben uns angeregt. Nun führt uns der Weg zu angelegten Moosgärten: zunächst nach Asien, dann in die »westliche Welt« nach Europa und in die USA. Als magische Orte moosiger Versuchung dienen sie dem Genießen oder zur weiteren Inspiration für den eigenen Moosgarten.

Lange Tradition in Japan

Wer nach Moosgärten sucht, denkt oft an japanische Gärten. Dort wird traditionell mit Moosen gearbeitet. Der Japangarten ist sozusagen die »Mutter der Moosgärten«. In der Philosophie des Zen-Buddhismus dient Moos der Ruhefindung und als Symbol für Dauerhaftigkeit. Auch für Alter und Weisheit stehen Moose.

Trotz immenser Urbanität ist in Japan ein Zugang zur Ruhe mit Moos relativ stark verbreitet.[7] Sogar die japanische Nationalhymne gipfelt im Moos: »bis ein Steinchen – zum Felsen wird – an dem Moos wächst«. Aber auch ganz modern und undogmatisch gibt es in Japan heute eine Art »moss watching«: vor allem unter jungen Frauen, den »moss girls«, die aufbauend auf dem dort populären Buch von Hisako Fujii (»Mosses, my dear friends«, 2011) moosreiche Orte aufsuchen, sich in Beobachtungen und Übungen ergehen, Moosfotos tauschen und spezielle touristische Angebote ankurbeln.

Vielfalt statt Einfalt auch mit Moosen

Es ist ein Irrtum, zu glauben, alle japanischen Gärten, auch die mit Moos, seien Zen-Gärten und diese seien immer so sauber, geschnitten und gestylt, wie das in Europa und den USA gerne projiziert wird. Eigentlich gibt es in Japan nicht »den« japanischen

Bild links: Moosgarten »Nahe der Natur« in Staudernheim. Ein märchenhafter Platz, unterstützt durch zeitweise eingebundene Steinkunstwerke des Künstlers Urs Werthmüller.

Ein gelungener japanischer Moosgarten im Stil des Zen-Buddhismus befindet sich im Zenkloster Liebenau, Niedersachsen. Moos-Landschaften, Steine, Bäume und Wasser harmonieren dort.

Garten, allerdings doch häufig wiederkehrende Elemente wie Teiche, Wasserläufe, Brücken (meist als Blickfang und Dekoration, selten begehbar), Steinlaternen, Bäume, Kies – und Moosflächen. Manchmal gibt es (Buddha-)Statuen. Aber Gärten mit Figuren und Pagoden vollzustellen, ist eine Erfindung der westlichen Welt, die Zen imitiert, aber nicht immer trifft. Bei meinen Recherchen in Japan stieß ich auf unterschiedliche traditionelle Gartentypen mit Moosen:

- Innenhofgärten (traditionell seit dem 8. Jahrhundert): meist vollständig von Häusern umschlossen, die auch der Kleinklimaverbesserung dienen. Das Moos leistet dafür hervorragende Dienste, gerade in verdichteten Städten wie Tokyo, Kyoto (berühmt: Stadthaus Nagaeke) und Yokohama.
- Trockene Landschaftsgärten (traditionell seit dem 12. Jahrhundert): ohne Wasserflächen, aber meist mit kleinen Moosbeeten, die in der westlichen Welt als vermeintlich typische Zen-Gärten angesehen werden, in Japan aber nicht nur religiösen Zwecken dienen, sondern oft Erholungsgärten sind. Typisch ist eine inszenierte halbnatürliche Landschaft, zum Beispiel Azaleenreihen oder Baumgruppen im Hintergrund, während der Hauptteil eher ruhig, einheitlich und oft steindominiert ist.

- Teegärten (die Roji, seit dem 16. Jahrhundert): zur Ruhefindung, ohne Ablenkung durch Blüten oder bunte Farben, aber mit viel grünem Moos, teilweise Bäumen und einem kleinen Teehaus. Typische Teegärten befinden sich zum Beispiel im Nezu Museum in Tokyo.
- Wandelgärten (seit dem 17. Jahrhundert): sehen schön aus, stiften Frieden und laden ein, darin zu wandeln. Dort finden wir viele der eingangs genannten Elemente, damit auf dem Weg immer etwas Interessantes zu sehen ist. Diese Gärten wirken manchmal recht naturnah und beinhalten oft viele Moosflächen und andere Pflanzen. Das vielleicht bekannteste Beispiel ist der Koishikawa Kōrakuen in Tokyo.

Mut zu mehr Naturnähe vielerorts

Diese unterschiedlichen Formen werden im modernen Japan zunehmend vermischt. Manche der japanischen Gärten in Japan – vor allem Innenhofgärten und Landschaftsgärten mit Kies –, noch mehr aber oft die nachahmenden japanischen Gärten in der westlichen Welt, werden sehr intensiv gepflegt, Laub oder Äste gründlich abgeräumt. Moos und Kiesflächen wirken sauber und geharkt, Sträucher sind akkurat in Form gebracht. Vorteile sind eine kontrollierbare Ästhetik sowie die einheitliche und auch deshalb so beruhigende Moosfläche. Nachteil ist, dass Naturnähe und Lebensraumfunktion zurückstehen. So unterbindet eine besondere »Sauberkeit« teils wesentliche Förderfaktoren für die Kleinlebewelt im Moos. Als Naturfreund und Naturschützer sind mir manche japanische Moosgärten in ihrer strengen Auslegung zu »steril«. Eine angenehme Ästhetik durch Moosdominanz und schöne Miniaturlandschaften lassen sich sicher auf naturnähere Weise erreichen.

Japangärten bieten jedoch wundervolle Anregungen und Bilder. Damit hat Moosgärtnern angefangen. Ob Sie sich für einen Natur-Moosgarten oder einen eigenen Stil entscheiden, ist natürlich Ihre Sache: Moos ermöglicht die Freiheit vielfältiger Gestaltungen.

Aus der japanischen Moosgarten-Tradition möchte ich aber doch drei grundsätzliche Inspirationen herausgreifen, die jedem Moosgarten, wo auch immer, gut tun können.

Garten-Inspiration 1: Ruhe

In der Tat wissen wir, dass tiefes Grün, zumal lückenlos wachsend oder verlegt, ruhige Stimmungen unterstützt. Mittels Einbau von Steinen und kleinen Hügeln, die ebenso von Moos bewachsen sind, entsteht in japanischen Moosgärten der Eindruck bergiger Miniaturlandschaften. Dazwischen können Kiesflächen gestaltet sein, während die Moose wie kleine Wälder wirken, über die der Blick schweift – und wiederum Ruhe finden lässt. Eine Ruhe wie auf einem echten Berggipfel, so ein wiederkehrendes Symbol des Zen.

Wasserläufe durchziehen den weltberühmten Moostempel Saihō-ji (Koke-dera) in Kyoto. Kleine Inseln und Brücken laden zum Begehen, arrangierte Sichtachsen zum Schauen ein. Felsen und Steine sind als dezente Blickfänge integriert, ähnlich auch im Tempel Ruriko-in. Gerade im Großraum Kyoto befinden sich viele moosreiche Gärten. Moosgrüne Flächen dienen in Japangärten auch der optischen Täuschung, wie der Japangartenspezialist und Zen-Moosgärtner Dr. Wolfgang Hess betont: So wirkt das Kleine groß. Blicke verlieren sich aufs angenehmste in einer grünen Miniaturlandschaft mit positiver Stimmung. Ein solches Prinzip der Gestaltung, auch ohne Kiesflächen, Wasserläufe und Brücken, ist ein Schlüsselfaktor, wenn eine ganz besondere Harmonie einer Mooslandschaft gewünscht ist.

Garten-Inspiration 2: Ganzheitlichkeit

Im Idealfall ist die Natur in japanischen Gärten ein gleichberechtigter Partner. »Man kann einen Baum erst kennenlernen, wenn man zu ihm hingeht«, so eine japanische Weisheit. Eine solche Erkenntnis ist geradezu trivial, dennoch setze ich sie gerne in meinen Naturführungen ein, indem ich verschiedene Zugänge zu einem Baum oder zu Moos vor Ort trainiere: Über die Augen: Hunderte Variationen an Grün. Über das Tasten: ach wie eigenartig. Über Respekt für die Leistungen des Geschöpfes: Was hat dieses Moos schon alles geleistet, erlebt, erduldet? Bis zu Vergleichen mit der eigenen Persönlichkeit. Man muss also hingehen: ins Moos, an den Baum, an den Stein.

Diese Herangehensweise kann man aus der asiatischen Gartenbautradition lernen und sie »könnte einem aktuellen globalen Modebuch über achtsames Gärtnern entstammen«,[8] so schreibt die Journalistin Ina Sterl in einem hervorragend recherchierten Zeitungsbeitrag über asiatische Gartenkunst.

Denn systemisches Denken, man könnte auch das Wort »ganzheitlich« wählen, zwingt dazu, Fakten und Gefühle, Außenwelt und Innenwelt, das Gegenüber und das Miteinander zu verbinden, nachdem es zu lange in mechanistischen Weltbildern getrennt wurde.

Ein solches systemisches Prinzip des »Alles ist miteinander verbunden« ist mir in all meinen eigenen Arbeiten wichtig. Es scheint mir ein Schlüsselfaktor für Erfolg im Naturschutz und auch für gute Moosgärten zu sein. Es steht im Einklang mit naturwissenschaftlichen Erkenntnissen der Ökologie und der modernen Hirnforschung, wonach das Ganze erst erfolgreich wird, wenn wir verschiedene Sichtweisen und Zugänge miteinander verbinden: für Leben, für Naturschutz, für die Rettung wovon auch immer, meinetwegen unserer Welt.

In Moosgärten lässt sich all das »en miniature« umsetzen: das Große im Kleinen sehen, vom Kleinen ins große Ganze gestalten und denken. Moosbetrachtung fördert Achtsamkeit, das Öffnen der Sinne und hilft, Ruhe zu finden: so grün und lebendig, so klein und zart – und eine Landschaft wie ein Traum. Oder für die Techniker unter

Japan ist reich an vielfältigen Moosgärten, hier am Tempel Ruriko-in in Yase im Norden von Kyoto.

den Lesern: Moos ist der Katalysator – zum Beispiel für mehr Naturverständnis und als kleine Lebenshilfe sowie Starthilfe für Entspannung, wenn Ihr Motor stottert.

Garten-Inspiration 3: den Geist des Ortes finden

Um stimmig zu sein, müssen Ort, Umgebung und man selbst als Mensch zusammenpassen. So ist es wichtig, einen Ort zu verstehen und sanft zum ganz eigenen Moosplatz zu verändern. Ziel, eigene Bedürfnisse und Ort müssen zueinander finden.

Beispielsweise lässt sich eine schattige Hinterhofecke gut als besonderer Ruheraum begreifen. Die Moosgestaltung kann dort kleinteilige Elemente wie moosbewachsene Märchen-Miniaturhäuser, Steine und Holzstubben enthalten, die Fantasie und Geborgenheit im Kleinen unterstützen. Eine große Fläche vor dem Haus oder im Park kann vielleicht Großelemente der Umgebung (Berge in der Ferne) im Kleinen aufgreifen (durch Moos-Hügelchen) und Moosflächen entwickeln, die in abgestuften Grüntönen beruhigend wirken. Kurzum: Der »Geist eines Ortes« (»genius loci«), ein Begriff der europäischen Geistesgeschichte, muss individuell gefunden, respektiert oder in eigener Gestaltung entwickelt werden – und das gilt eigentlich für jeden Gartendesigner.

Japanische Moosgärten müssen nicht zu aufgeräumt wirken, sondern können recht naturnah als Wandelgärten dienen. Hier im Moosgarten des Zenklosters Liebenau, Niedersachsen.

Vielleicht denken Sie als Moosgärtner jetzt an grandiose romantische Kraftplätze, an historische Bauwerke oder magische Naturorte. Doch prinzipiell lässt sich auch ein Reihenhausgarten, Vorgarten oder Balkon sensibel und gut gestalten. Einen tieferen Sinn oder eine durchdachte Gestaltung erkennbar zu machen, auch mit individueller Note – das zu schaffen, ist die wahre Kunst. Dabei sind die Anzahl an Statuen oder andere Symbole sicher nicht aussagekräftig. Entscheidend ist ein eigenes Konzept, stimmig für den jeweiligen Ort. Dafür gibt es kein Pauschalrezept: Jeder Platz ist eigen, hat Geschichte(n) und Ziele – jeder Mensch auch. Finden Sie Ihren »genius loci«!

Übertragung von Japan auf Europa – neue Visionen?

Während die Philosophie japanischer Gärten erst nach langem Begreifen auf Europa übertragbar ist, sind japanische Mooslandschaften hinsichtlich ihrer Ausstattung an Arten und ihres Erscheinungsbildes einfach übertragbar. Manche der in Japan verwendeten Moosarten wie das häufige *Polytrichum formosum* kommen auch bei uns vor. So kann ein Japan-Moosgarten entstehen, ohne fremdländische Arten bei uns einzubringen. Man verwende nach Vorschlägen von Frahm[9] die folgenden Moose:

- *Polytrichum formosum, Polytrichum commune* (Japan und Europa)
- *Hypnum plumaeforme* (Japan) – *Hypnum cupressiforme* (Europa)
- *Rhizogonium dozyanum* (Japan) – *Mnium hornum* (Europa)
- *Leucobryum*-Arten (Japan) – *Leucobryum*-Arten (Europa), zum Beispiel *Leucobryum glaucum*

Ein schöner Moosgarten im japanischen Stil, geradezu ein Modellbeispiel, befindet sich im Park von Schloss Eickhof – Zenkloster Liebenau (Niedersachsen). Inzwischen haben manche Parks und botanische Gärten einen zumindest kleinen Japangarten. Immer wieder bin ich aber überrascht, dass so mancher Japangarten in Europa ausgerechnet ohne Moos auskommt. Ob das stilecht ist? Eine verpasste Chance ist es allemal.

Junge Moosliebe in Europa

Wie steht es mit der Moosliebe in Europa? Zwei Begebenheiten, die zum Schmunzeln und Nachdenken anregen:

Eine der ersten Praktikantinnen bei uns im Naturschutz-Museum Staudernheim war Tomoko aus dem japanischen Hiroshima. Sie war fassungslos, als sie bei einem Spaziergang einen sie freundlich grüßenden Menschen sah, der zugleich grimmig seine Zufahrt mit Moosvernichter bespritzte und letztes Moos aus den Fugen kratzte. Angesichts des positiven Rufes von Moos in ihrer japanischen Heimat verstand sie hier Europa gar nicht. Wir aber verstanden uns bald prächtig und gärtnerten gemeinsam mit Moos.

Weiterhin erinnere ich mich an Marie aus dem schweizerischen Delémont, die als Freiwillige im Museum mithalf. Bei ihrer Vorgängerstelle musste sie mühsam selbst Moos aus den Ritzen eines Terrassenpflasters entfernen. Wir hingegen heben Moose in Pflasterritzen im Museumshof für Schauzwecke auch mal hervor, indem wir zeitweise Bilderrahmen darüberlegen: Das ergibt wunderbare, manchmal witzig abstrakte Bilder, grün gemustert im Grau. Anfangs wusste Marie nicht, ob sie ihre Vorgängerstelle oder uns für verrückt halten sollte. Nach einigen Tagen und viel gemeinsamem Gelächter über uns selbst und die Widersprüche in der Welt entschied sie sich für uns – und für Moos. Anstatt es zu entfernen, brachte sie neues Moos mit mir ein. »Wiedergutmachung«, schmunzelte sie. Am Ende ihres Aufenthaltes studierte sie Moosbestimmungsbücher: vom Moosentfernen zum Moosachten.

Japanische und europäische Blicke mögen verschieden sein, ergänzen sich aber glänzend. Vielleicht begründen wir mit neuen Blicken eine europäische, tolerante Tradition, mit Moosen auf eigene Art zu gestalten.

Europäische und amerikanische Moosgärten

Öffentlich zugängliche, gestaltete Moosgärten jenseits einiger Japangärten gibt es in Europa nach aktueller Recherche nur ganz wenige (s. S. 200). Wir betreten also fast Neuland, wenn wir Moosgärten wollen.

Aber nur fast: Seit dem 18. Jahrhundert gab es in der europäisch geprägten Geistesgeschichte aufklärerische Strömungen, die gelegentlich auch Moose zur Schau stellten – nach dem Motto: »Was ist das?« Und in der Romantik wurde Moos auch bewusst ins Bild gesetzt, oft in Verbindung mit Ruinen. Moose waren als Gestaltungselemente in europäischen Landschaftsgärten demnach vorhanden, allerdings eher versehentlich entlang von Wasserläufen, künstlichen Wasserfällen oder in »Farnschluchten«. Nicht zuletzt überwucherten sie Teilflächen und Steinlandschaften in großen Gärten – eher nebenbei und geduldet, weniger bewusst gestaltet –, sodass es besonders im atlantischen Westeuropa, in Skandinavien und auf den Britischen Inseln wunderschöne Garten-Mooslandschaften gibt.

Der wohl älteste Moosgarten in Europa ist der in Chatsworth House im Peak District in England. Er wurde 1846 als Moos- und Flechtengarten angelegt. Moose sind dort noch heute zu finden, ein Moosgarten im eigentlichen Sinne besteht nicht mehr. Im niederländischen Den Haag wurde kurz nach dem Zweiten Weltkrieg ein Moosgarten angelegt, der inzwischen zum Buchenwald wurde – aber mit manchem Moosvorkommen. Die »Lost Gardens of Heligan« in Cornwall sind eines der Beispiele, wo aktiv mit Moos gearbeitet wird: Die von Susan Hill geschaffene Skulptur »Mud Maiden«, zu Deutsch etwas vulgär »Matschjungfrau«, trägt Härchen aus Moos. Und »The Giants Head« hat ein Moosgesicht. Diese viel fotografierte Dame und der moosgesichtige Riese mit Igelfrisur, die sich da aus dem Boden erheben, inspirieren zur künstlerischen Gestaltung mit Moos (s. ab S. 157).

Auch ein Blick in die USA lohnt, wo Moosgärten als etwas freier interpretierte Japangärten beliebter werden. Der erste Moosgarten in den USA wurde in den 1930er-Jahren im Besitz von William Bayard Cutting auf Long Island im Staat New York gestaltet, heute ein Arboretum. Der mit etwa 8000 Quadratmeter Moosfläche derzeit größte Moosgarten der USA, vielleicht sogar der Welt, liegt im Bloedel Reserve auf Bainbridge Island im feuchten Nordwesten des Staates Washington. Oft lassen Besitzer von Gärten und Parks auch einfach mehr Moos im Gras von Schatthängen zu, ohne dies explizit als Moosgarten zu bezeichnen – und finden es zunehmend schön.

So gibt es – eher ungeplant – faszinierende Moosbilder in vielen gegenwärtigen Gartenanlagen Europas. Beispielhaft nennen möchte ich den Garten der Villa d'Este östlich von Rom, wo sich in der Allee der hundert Brunnen eine der schönsten Mooswände findet, die ich derzeit kenne, und in dem zudem einige moosbewachsene und moosumrandete Skulpturen verteilt sind.

Moos in berühmten Gärten: »The Giants Head« mit Moosgesicht – ein Werk der Künstlerin Susan Hill in den »Lost Gardens of Heligan« (Cornwall, England).

Moosgärtnern ist nicht mehr ganz unbekannt, wenn auch bisher eine Nische. Ich knüpfe also an Bestehendes an, biete zugleich mit meinem Natur-Moosgarten-Konzept etwas Eigenes und freue mich, wenn Moosgärtnern generell eine immer weitere Verbreitung erfährt. Denn Moos hat es verdient – und mehr Menschen haben sich Moos verdient.

(M)ein Modellbeispiel in Staudernheim

Mein eigener Moosgarten ist mit derzeit fast 1000 Quadratmeter durchgehender Moosfläche nicht so groß, dass man in Superlative verfallen müsste. Nach meiner Recherche ist er derzeit aber immerhin der größte eigens angelegte und zu Öffnungszeiten öffentlich zugängliche Moosgarten im deutschsprachigen Raum, und das mit dem Konzept »Natur-Moosgarten«. Vielleicht gibt es in öffentlich unzugänglichen Privatbereichen noch andere größere. Möge er aber nicht der einzige und auch nicht der flächengrößte bleiben. Denn er dient als Modell und Anregung – und für mich als stetiger Testraum (s. S. 200).

Seit 2012 gestalten wir (Museumsteam) diesen Moosgarten Schritt für Schritt nach den Prinzipien, die ich in diesem Buch nenne. Er verändert sich jährlich. Gleitend geht er in ein umgebendes »Wild-Moos-Reich« über (weitere mehr als 1000 Quadratmeter). Das alles ist Teil des Freiraums (8 Hektar) von »Nahe der Natur – Mitmach-Museum für Naturschutz« in Staudernheim rund um einen alten Steinbruch-Wald.

Wichtig als Natur-Moosgarten und Naturschutzort ist mir die Ästhetik, aber auch, die beschriebenen Naturvorbilder und Japangarten-Inspirationen umzusetzen und zu variieren. Eine Lebensraumfunktion für heimische Moose und Kleintiere ist wesentlich. Im Moosgarten dominieren flächenmäßig bisher drei häufige Moosarten: das Frauenhaarmoos *(Polytrichum formosum)*, das Schönschnabelmoos *(Eurhynchium striatum)* und das Zypressen-Schlafmoos *(Hypnum cupressiforme)*.

Begleitend gibt es in unterschiedlicher Häufigkeit etwa 20 weitere Moosarten, die aus dem eigenen Gelände, wo insgesamt mindestens 90 Moosarten kartiert wurden, zusammengetragen wurden oder sich von selbst ansiedelten. Veränderungen und Überraschungen sind möglich, Dynamik ist das Wesen der Natur.

Darin eingebunden sind wechselnde Kunstwerke: Moosspiralen, Schneckenhäuser, ein kleines Moos-Traumhaus, Moosinstallationen, märchenhafte Steintürme des Künstlers Urs Werthmüller aus dem Schweizer Jura sowie Naturstrukturen wie Stubben,

Spiralformen aus Moos sind einfache, aber anregende Mooskunstwerke, hier Moosgarten »Nahe der Natur« in Staudernheim. Kombiniert sind das Laubmoos *Polytrichum formosum* (dunkel), helleres Schönschnabelmoos *(Eurhynchium striatum)* und Schlafmoos *(Hypnum)*.

Naturhölzer, Steine. Alte Gerätereste, die – lokalgeschichtlich relevant – aus der Zeit des aktiven Steinbruchs stammen und dort unverändert belassen wurden, verstärken das Wesen des Moosgartens als romantischer »lost place«. All das unterstreicht die Originalität des Platzes und seinen »genius loci«. Oberstes Prinzip ist, die vor Ort befindlichen natürlichen Strukturen zu nutzen und nur wenig von außen hinzuzufügen.

Höhenversetzt zum Moosgarten liegt die »Farnbühne«, auf der heimische Farnarten wachsen. Auch innerhalb der Moosfläche verbleiben manche Farne, Pilze und ausgesuchte Wildpflanzen, wobei Moos dominiert.

Der Moosgarten ist zentraler Teil eines umfassenden Natur-Garten-Ensembles. Ich verstehe ihn dabei auch als »Denkmal« für diese bisher zu wenig beachtete Pflanzengruppe. Als »Mooseum« erinnert er an die Erdgeschichte. Seine Lebensraumfunktion gilt nicht nur Pflanzen und Tieren, sondern im Sinne von umfassendem Naturschutz auch uns Menschen. Das tiefe wohltuende Grün in hundertfacher Variation sowie das angenehme Mikroklima bezaubern viele Besucher. Manche meditieren dort, fühlen einen »magischen Platz«, »Märchenort«, »Kraftplatz« und kommen immer wieder. Ein Ort, der berührt und sich sanft berühren lässt. Gerne ist das ein Treffpunkt für alle Moosfreunde: bei Altmoos – Staudernheim.

Nicht zuletzt teste ich dort vieles, was mit Moos alles geht – oder vielleicht nicht. Wie bringe ich Moos am besten aus? Welche Grüntöne harmonieren besonders gut? Was geht schief und wie repariere ich etwas? Viele meiner Erkenntnisse und Erfahrungen stammen von dort, wobei ich diese mit anderen vergleiche und wissenschaftlich absichere.

Nur Mut, liebe Leser: Dieser Moosgarten steht zwar in gewisser Weise Modell, aber in Form vielfältiger Anregung. Daraus leite ich im nächsten Kapitel Grundzüge ab, wonach Sie Ihre eigene Mooswelt entwickeln können, gerne naturnah.

Bild links: Garten-Schnickschnack wie diese Bronzeschnecke kann gut im Moosgarten wirken. Schneckenformen harmonieren besonders gut mit Moosen und symbolisieren Ruhe.

Moose gestalten

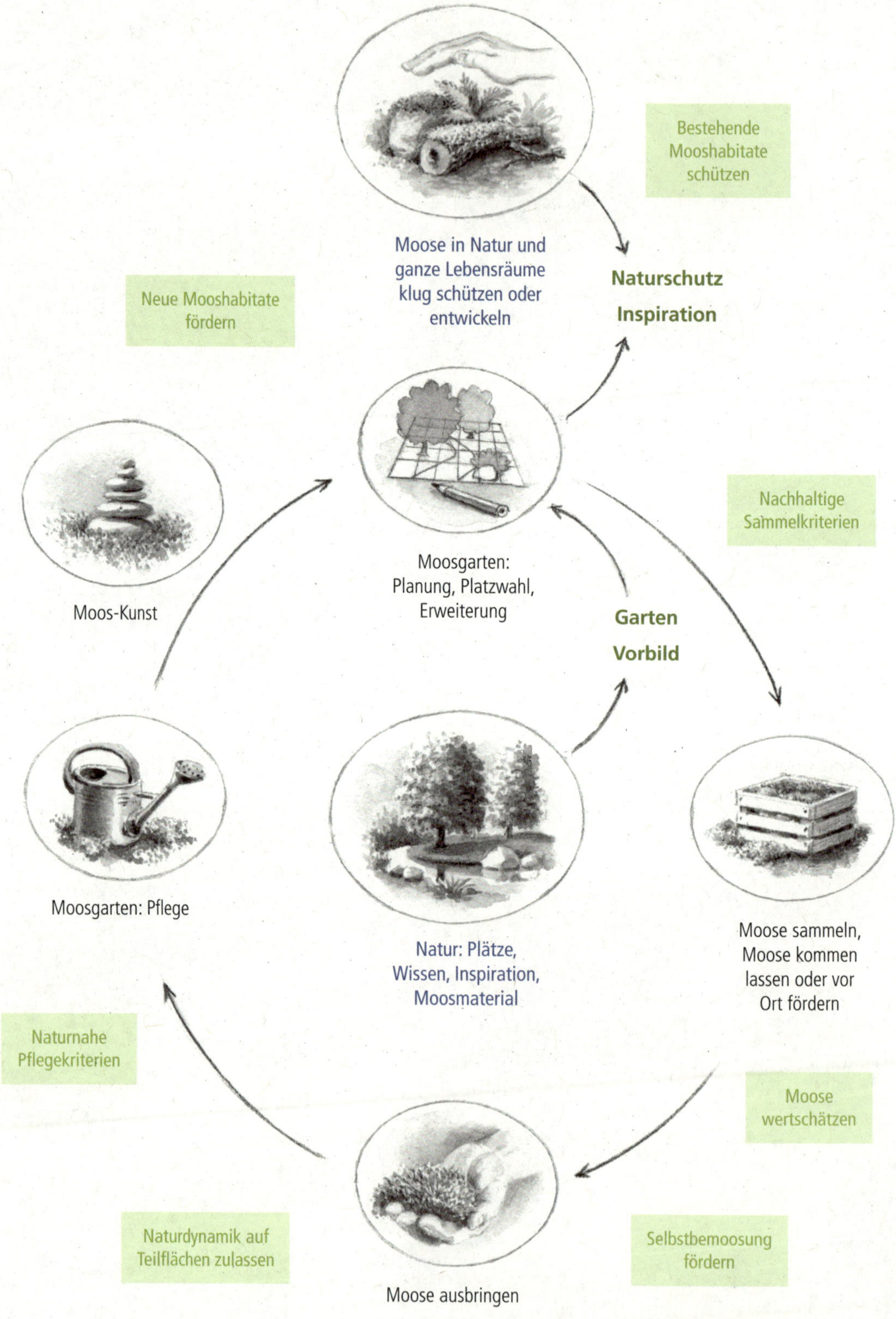
Bestehende Mooshabitate schützen
Moose in Natur und ganze Lebensräume klug schützen oder entwickeln
Naturschutz
Inspiration
Neue Mooshabitate fördern
Moos-Kunst
Moosgarten: Planung, Platzwahl, Erweiterung
Nachhaltige Sammelkriterien
Garten
Vorbild
Moosgarten: Pflege
Natur: Plätze, Wissen, Inspiration, Moosmaterial
Moose sammeln, Moose kommen lassen oder vor Ort fördern
Naturnahe Pflegekriterien
Moose wertschätzen
Naturdynamik auf Teilflächen zulassen
Selbstbemoosung fördern
Moose ausbringen

Moos-Planung

Den Moosgarten konzipieren

Jedes Mal, wenn ich aus meiner Haustür gehe, grüßen mich meine Moose und lösen ein Lächeln in meinem Herzen aus.

Annie Martin,
The magical world of Moss Gardening

Wie können Sie den eigenen Moosgarten schaffen? Wir haben Moos kennengelernt, Vorbilder aus der Natur und bestehende Moosgarten-Konzepte betrachtet. Jetzt also los zum Kopieren? Halt: Auch wenn Moos teils selbst aus Klonen besteht, wäre es langweilig, existierende Moosplätze zu klonen. Vielmehr möchte ich zum eigenen Gestalten anregen: mit Kreativität, Achtsamkeit und sorgsamer Anpassung an den jeweiligen Ort. Machen wir uns an die Planung. Die Elemente einer guten Moosgartenplanung sind links zusammengefasst, alle Schritte sind im Buch erläutert. Hieran können Sie sich orientieren und werden nichts Wesentliches vergessen. Wichtig ist, zu erkennen, dass ein Moosgarten im fortwährenden Beobachten, Agieren und Reagieren besteht.

Moos der Möglichkeiten

Moosgärten können groß oder klein sein. Für Moos ist Platz in und bei der kleinsten Hütte – und auch mal oben auf, wie Moosdächer zeigen. In größeren Gärten und Parks können moosreiche Flächen ihre Lebensraumfunktion gut entfalten. Aber auch ein Quadratmeter Vorgarten oder eine Schale auf dem Balkon ist Habitat für Bärtierchen.

Das Schöne an Moos, ja Natur an sich: Es ist weltanschaulich neutral. Wir Menschen sind es, die interpretieren, Bedeutungen zuweisen und Richtungen bestimmen. Gleichwertig möglich mit Moos sind demnach spirituelle Zen-Gärten, besenreine Japangärten, romantische Meditationsplätze oder naturnahe Gärten. Es ist mir wichtig, die Breite an Möglichkeiten zu skizzieren. Sie entscheiden selbst. Als Kernkonzept stelle ich hier einen Natur-Moosgarten vor, aus dem sich besonders viele Kombinationen ableiten lassen und in dem fast alle Prinzipien der Gestaltung mit Moosen sichtbar werden. Naturschutzaspekte sind mir dabei stets wichtig.

links: Kreislauf eines Moosgartens in grundlegenden Schritten und Austausch zwischen den Arbeitsebenen. Blau: freie Natur. Schwarz: Arbeiten und Gestalten im Garten. Kästchen: Einflüsse und Kriterien, die im Buchtext näher erläutert werden.

Will ich das wirklich?

Bevor ich Sie weiter in das Abenteuer eines eigenen Moosgartens schicke, sollten Sie spätestens hier überlegen, ob Sie das wirklich wollen. Denn Sie tanzen aus der Reihe der Norm und müssen Ihren mo(o)sernden Nachbarn vielleicht einiges erklären. Das kann anstrengend sein. Aber ich helfe schon mal mit Argumenten.

- Einen Moosgarten hat (noch) nicht jeder. Moosgärten sind anders, gewitzter, freudvoller, immergrün und doch nicht langweilig. Sie sind etwas für Kreative, wovon es gerne mehr geben darf. Legt man sie an der richtigen Stelle an, müssen Sie weniger arbeiten als im klassischen Garten – aber vielleicht mehr denken.
- Ein Moosgarten ergänzt komplementär andere Gartenbereiche. Wenn es im bunten Sonnenbeet blüht, ist ein Moosgarten sanft grün. Wächst im Gemüsebeet Nahrung und fordert Arbeit, gedeiht das Moos in aller Ruhe und spendet Frieden. Und ist der Winter grau, leuchtet es wohltuend, intensiv. Moosgärten sind nicht nur ideale Schattengärten, sondern auch wunderbare »Regengärten«: Dann lockt ein Moosgarten mit dem lebendigsten Grün, das die Natur vorhält, während man sonst bei Regen nicht hinausgezogen wird. Bei Nässe findet auch die sexuelle Vermehrung der Moose statt. Muss der Nachbar das auch wissen?
- Moos schafft Differenzerfahrungen. Das heißt, Moose sorgen für erlebbare, spannende Unterschiede zum üblichen Durchschnitt. Damit nie alles gleich ist, ein Prinzip eines erfüllten Lebens in und von der Natur.

Her mit dem Moos – eine Entscheidungshilfe

Tatgeber 5

Es gibt sechs Möglichkeiten, Moos einzubringen und mit ihm zu arbeiten. Die Methoden (1) bis (3) sind am einfachsten und haben am meisten Vorteile. Sie nehmen in diesem Buch besonderen Raum ein. Mit (5) und (6) habe ich selbst keine guten Erfahrungen gemacht, werde aber beide kurz nennen. Vielleicht entwickeln Sie eigene Methoden. Schließlich steht Moosgärtnern noch am Anfang.

1. Moosgarten durch Übergang: Aus moosreichen Flächen, zum Beispiel einem vermoosten Rasen, einen Moosgarten entwickeln (Gras nach und nach entfernen).
2. Selbstbemoosungen fördern: meine naturnahe Priorität, wenigstens für Teilbereiche.
3. Heimische Moose sammeln (oder kaufen) und ausbringen: flächig oder lückig.
4. Moosrasen oder Moosmatten kaufen: s. S. 107.
5. Mit Moossporen (kleine) Flächen beimpfen: Das ist oft schwierig, s. S. 137.
6. Kleine Moosfragmente oder pulverisiertes Moos ausbringen: s. S. 133 und S. 135.

Geeignete Standorte

Für Moose sind zumeist jene Gartenbereiche gut geeignet, in denen der ambitionierte Gärtner ohnehin Schwierigkeiten hat, etwas anderes zu entwickeln. Eine feuchte Ecke, schon von Moos durchdrungen? Ein Rasen, in dem das Moos dominiert, sodass es weniger Arbeit wäre, das Gras vom Moos zu entfernen als umgekehrt? Letzteres funktioniert tatsächlich gut an luftfeuchten oder bodenverdichteten Stellen, an denen Sie den Rasen in eine schönere Moosfläche überführen können. An anderen Stellen wachsen neben Moos aber weiter viel Gras und andere Pflanzen durch, weshalb wir doch weiterlesen sollten.

Ideal sind Schattengärten, Flächen hinter Gebäuden und Mauern, nordexponierte Stellen sowie natürlich unter Bäumen oder in Waldstücken. Das ist ein Fingerzeig der Natur. Dort rufen Moose geradezu: »Probier's mit uns!« – »Wir sind das Moos!« – »Wir bleiben hier!« – oder drohen: »Aus uns werden viele.« Rücken Sie dort mit dem Vertikutierer an und hören aus dem Moos ein eindringliches Wispern: »Gewalt ist keine Lösung«, sollten Sie wirklich innehalten. Wo Moose so in Ihrem Garten demonstrieren, haben Sie bereits den ersten Platz für den Moosgarten gefunden. Gärtner, hört die Signale!

Wichtig ist es, am Anfang zu überlegen, wohin man will und dass Moos dort langfristig bleiben kann, der Moosgarten vielleicht sogar erweiterbar ist. Schön ist es auch, wenn sich die Moose vertikal an Bäumen, Säulen oder Mauern fortsetzen dürfen. Oder Sie legen verschiedene Moosgärten an: die kleine Moosecke, der größere Moosgarten, dazwischen ein Moosstreifen der Verbundenheit? Oder ein Moosmuster? Dem kreativen Design eines Moosgärtners sind kaum Grenzen gesetzt. Grundsätzlich kann ein Moosgarten sogar in der Sonne sein. Dort arbeiten Sie aber oft gegen die Natur oder haben einen Spezialfall, was den Pflegeaufwand erhöht.

Ein für die meisten Regionen Europas gut geeigneter Platz für einen robusten Moosgarten zeichnet sich durch die folgenden Kriterien aus: hohe Luftfeuchte oder längere Beschattung oder viele Niederschläge oder verdichteter Boden oder flachgründiger (steiniger) Boden. Bereits eines der Kriterien zeigt Eignung an. Kommen mehrere zusammen, wird es einfacher. Alle müssen nicht erfüllt sein. Perfekt ist die Kombination aus einem Feuchtekriterium (Schatten oder Luftfeuchte oder viel Regen) und einem Bodenkriterium (flachgründig oder verdichtet).

Je höher der Jahresniederschlag, desto einfacher ist es, mit den robusten heimischen Moosen zu arbeiten. Frahm[9] gibt an, dass Moose ab einer relativen Luftfeuchte von 80 Prozent wassergesättigt und stoffwechselaktiv sind. Je häufiger das geschieht, desto vitaler sind sie. Ein guter Moosstandort hat an möglichst vielen Tagen eine relative Luftfeuchte von über 80 Prozent, was durch Regen, aber auch Nebel oder häufige

Beschattung und Kühle entstehen kann. Ein regenarmer Schattenstandort hinter der luftfeuchten Hauswand kann demnach genauso gut geeignet sein wie ein regenreicher sonniger Standort. Schattige oder luftfeuchte Moosgärten stehen in diesem Buch im Fokus, weil sie robust, pflegeleicht und »typisch Moosgarten« sind. Doch es gibt Alternativen.

Vier grundlegende Möglichkeiten an Standorten:

1. Robuster Moosgarten in schattiger oder halbschattiger Lage: der vielgestaltige Favorit für alle!

2. Moosgarten am sumpfigen oder nassen Standort: sehr speziell! Wer von Ihnen wohnt im Moor, im Feuchtgebiet, in einer Schlucht oder am Wasserfall? Das sind ideale Standorte für heimische Lebermoose (vor allem auf Stein) oder bei tiefgründigem torfreichen Boden für Torfmoose. Beide Moosgruppen stehen unter Naturschutz, sodass Sammeln verboten ist. Wer dennoch einen solchen Spezialstandort hat oder durch eigene Wasserwelten bilden will (Springbrunnen und Co.), kann im Spezialgartenhandel heimische Torfmoose kaufen und es versuchen (s. S. 199). Natürlich vertragen auch viele Waldmoose des Schattens Nässe und können an solchen Standorten flächenprägend eingesetzt werden.

3. Sonnen-Moosgarten: für Fleißige und Spezialisten? Viele Moosarten können auch Sonne gut vertragen! Und es gibt Arten, die sogar Sonne benötigen, sie ertragen lange Trockenheit und sind gegenüber Samenpflanzen konkurrenzfähig, wenn ein äußerst flachgründiger Boden oder Steine vorherrschen. Ansonsten sind sonnige Moosgärten sehr pflegeintensiv, weil die Konkurrenz durch andere Pflanzen riesig ist. Gut möglich ist aber ein naturnaher Steingarten, der nur lückig mit Moosen und dann auch von vielen Flechten bewachsen ist – und somit nichts mit den heute verbreiteten, nach unten abgedichteten, sterilen »Steinwüsten« in Gärten zu tun hat.

4. Die Königskombination: Moos-Cross-over und Moosübergänge! Den pflegeleichten Kernraum bilden hier robuste (halb-)schattige Bereiche. Von dort kann es einerseits in sonnige, steinige Bereiche gehen, andererseits in nasse, wenn Sie einen Springbrunnen oder Bachlauf haben. Mit der Standortvielfalt erhöht sich die Moosvielfalt. »Natur besteht aus Übergängen«, meinte schon Goethe. »Ökotone« ist der wohlklingende Fachbegriff für Lebensraumübergänge entlang von Standortgradienten. In echter Natur können sie fließend sein, oft aber schön chaotisch, immer von besonderem Wert, sofern sie natürlich und nicht das Ergebnis einer menschengemachten Zerstörung eines einst anderen Lebensraumes sind. Natürliche Ökotone zu simulieren oder wenigstens anzudeuten, halte ich für die Königskombination guter Naturgärten und Moosgärten, weil sie sowohl standortgerechte repräsentative Artenausstattung als auch Vielfalt ermöglichen.

Bilder rechts: Ein Moosgarten wächst langsam und organisch, hier in Staudernheim.
oben: Gesammeltes Moos einbringen und Selbstbemoosung fördern 2013
unten: Winteraspekt im Moosgarten 2016

Zwei und mehr Wege zum Moosgarten

Menschen sind verschieden. Moose auch. Und so gibt es zwei grundsätzliche Wege, sie zusammenzubringen: (1) Moose einfach kommen lassen – das ist etwas für Faule, für entspannte Beobachter. Wie mich. (2) Moose aktiv einbringen, mit ihnen gestalten – das ist etwas für Aktive, Kreative, für Entwickler. Wie mich. Ja, beides ist in mir, wie in den meisten Menschen, manchmal nur zu verschiedenen Zeiten im Vordergrund. Natürlich mischen sich die Ansätze. Aber der Reihe nach.

Für Beobachter: Vermoosung fördern

Der entspannte und natürlichste Weg, sympathischerweise auch der kostenlose, ist es, moosreiche Stellen auf dem Grundstück zu identifizieren (s. S. 87). Moos, das schon da ist (Altmoos), sollten Sie nicht entfernen. Erst dann sollten Sie vielleicht »Neumoos« einbringen. Hinzu kommen Bereiche, die moosreich werden, sich also selbst bemoosen, wenn wir das Moos nicht bekämpfen. Dort kann der andere Pflanzenbewuchs entfernt und der Boden moosgerecht optimiert, das heißt meist verdichtet werden. Nach und nach wird Moos dominieren. Interessante Strukturen wie Baumstümpfe, große Steine, Gerätereste, Mäuerchen, Kunstobjekte sollten unbedingt verbleiben, ja sogar nach und nach ergänzt werden. Denn sie sind die Würze für einen ästhetisch ansprechenden Moosgarten.

Diese Vermoosung hat einen großen Vorteil: Es werden sich diejenigen Moosarten einfinden, die dort am besten angepasst sind. Als Gärtnerin und Gärtner vermeiden Sie Sammelfehler, und kein Moos wird der Landschaft entnommen. Langfristig ist der Pflegeaufwand geringer. Ein robuster Moosgarten wirkt organisch wachsend, Schritt für Schritt von selbst aus dem alten Garten.

Für Entwickler: mit Moos planen

Die Entwicklerversion ist es, eine geeignete Stelle zu finden oder neu anzulegen, Moose von anderswo zu sammeln (oder zu kaufen) und dort auszubringen. Ort und Boden müssen dafür gezielt vorbereitet werden. Vorteil ist, dass Sie frei und selbst gestalten und bestimmen können. Ein Risiko, Irrwege zu beschreiten, inklusive. Beim Sammeln und Ausbringung muss einiges beachtet werden (s. S. 102).

Der dritte Weg?

Am liebsten empfehle ich eine Kombination aus (1) und (2): moosreiche Plätze sanft fördern und um sie herum Moosflächen neu gestalten, und das möglichst mit Standortgradienten um einen Kernraum im Schatten herum. Dann haben Sie alles: die Gewissheit, angepasste Moosarten und eine moosige Tradition des Ortes aufzunehmen, die Freiheit, kreativ mit Moos zu gestalten, und eine angemessene Moosvielfalt.

Wenn ich nun all diese Ansätze kombiniere, eine gute Prise Naturliebe und Naturschutz hineinstreue, komme ich zu meinem zentralen Konzept: ein lebendiger, robuster, mitteleuropäischer Naturschutz-Moosgarten, kurz »Natur-Moosgarten«. Damit er gut funktioniert und zum Lebensraum wird, sollten mehrere Kriterien erfüllt sein:

Mein zentrales Konzept – Kriterien für den Natur(-Schutz)-Moosgarten

Tatgeber 6

- Platzkriterium 1 – Hauptlage: halbschattige oder schattige Bereiche als Flächenkern, weil es dafür viele heimische und häufig vorkommende Moosarten gibt. Fallweise sind Standortgradienten ins Trockene oder Nasse sinnvoll.
- Platzkriterium 2 – Inspirationsquellen und Individualität: prüfen, ob Inspirationen von Naturplätzen (s. ab S. 55) und Japangärten (s. ab S. 71) dorthin passen, und entsprechend umsetzen. Besonders den Geist des Ortes (genius loci) finden (s. S. 75), Ganzheitlichkeit (Sinneswahrnehmungen) und Harmonieprinzipien achten. Moosgärten sollten relativ ruhige Plätze sein.
- Naturdynamik und Gestaltung: Selbstbemoosung zumindest in Teilflächen zulassen oder fördern. Sie kann mit Mooseinbringung kombiniert werden, sodass eine Mischung aus Beobachter- und Entwickler-Moosgarten entsteht.
- Kein oder nur wenig Unterbau mit Fremdsubstrat: weil so die standortgerechte Bodenwelt nicht verfremdet wird (s. S. 128).
- Nur heimische Moosarten, idealerweise aus der Umgebung: weil in ihnen auch heimische Kleintiere leben oder sich dort leichter einstellen und diese Moosarten hochrobust sind.
- Organisches, langsames Wachstum! Möglichst mit nur wenigen Moosen schrittweise ergänzen, dann warten, wie es wirkt und sich einwächst. Ausnahmen sind große Flächen, die schnell bemoost werden sollen.
- Beim Einbringen von Moosen häufige Arten vor Seltenheiten: Häufige Arten sehen sehr gut aus und ihre Entnahme wird nichts zerstören.
- Frei von Giften und Schadstoffen, ohne Netze, Vliese, Planen, Folien und ohne Laubsauger – und nie ganz sauber von Blättern oder Ästchen (s. S. 140).
- Wenigstens einige von selbst ankommende Begleitpflanzen zulassen (s. S. 143).
- Beim Selbstsammeln die Kriterien der Nachhaltigkeit beachten (s. S. 102).

MOOS

Den Moosgarten gestalten

Ein jeder gestalte, wie er will. Gärten, auch Moosgärten, sind für mich Refugien der relativen Freiheit. Aber mit den folgenden Vorschlägen ermutige ich Sie, die verschiedenen moosigen Möglichkeiten zu nutzen. Ob schöne Harmonie oder faszinierende Kontraste, ob eher flach oder Höhen nutzend: Mit Moosen gestalten Sie Ihre Welt.

Moos in Harmonie

Der Reiz der meisten Moosgärten liegt im beruhigenden Grün. Dieses erreichen wir, wenn wir größere Flächen, die weder ganz eben noch zu aufregend steil sind, mit einem durchgehend grünen Moosteppich ausstatten. Der Moosgarten wirkt dann besonders harmonisch. Einige Steinblöcke, Kiesel oder Wurzeln dürfen die sanft wellige Atmosphäre unterstützen, weniger ist dabei oft mehr, und immer ist es eine Frage des Geschmacks. So weigere ich mich stets, Prozente oder Stückzahlen für Steine oder Unebenheiten pro Moosfläche anzugeben. Testen Sie die Harmonie, die Ihnen am liebsten ist, oder orientieren Sie sich an Vorbildern in der Natur oder anderen Gärten, die Ihnen gefallen.

Ausnahmen können dabei die Regel bestätigen: Schon oft stand ich vor moosigen Felstreppen und Steilhängen ohne klassische Harmonie – und fand diese einfach stark. Ich bin sicher, Sie finden Ihre eigene moosige Balance.

Moos hoch – Bäume und bemooste Mauern

Ein Moosgarten muss sich nicht (nur) auf den Boden beschränken. Moos kann auch an Gehölzen, Wänden oder Mauern einen vertikalen Garten bilden oder den Boden-Moosgarten schön erweitern. Moos wirkt wunderbar, wenn es die Wurzeln der Gehölze umspielt und sich in Form epiphytischer Moose an den Stämmen emporzieht. Vertikalelemente wie Bäume, Mäuerchen oder Steine sollten in keinem guten Moosgarten fehlen. Mit Moosen kommen von allein auch Flechten an Baumrinden und Steine, wodurch sich harmonische Moos-Flechten-Kombinationen ergeben. Moose werden diese Strukturen bei geeignetem Standort ganz von selbst begrünen, nachhelfen können Sie mit ein paar Tricks (s. S. 95).

Alte, schattige Mauern sind von Natur aus oft mit Moosen besiedelt. An ihnen wird oft achtlos vorbeigegangen, ja, sie gelten manchem als ungepflegt und verkommen. Das ist schade. Es liegt in bemoosten Mauern nicht nur eine besondere Ästhetik, sondern auch das mutvolle Zeichen, dass Natur zu uns zurückkommt.

Bild links oben: Moos gewinnt, es geht rund!
Gegenstände wie dieser alte Schleifstein bemoosen, wenn es luftfeucht ist.
unten: »Moos-Graffiti« sind witzig, aber oft nicht von langer Dauer (Balkonwand in Baunatal).

Moose schaden einer Mauer in der Regel nicht, jedenfalls weniger, als man gemeinhin denkt. Durch ihren Kationenaustausch führen Moose zwar zu einer leichten Versauerung und das kann kalkreichere Mörtel durchaus langfristig angreifen. Allerdings sind für die Steinverwitterung andere Einflussfaktoren wie derjenige der Schwefeldioxide aus der Luft oder natürliche Materialalterung gewichtiger. Schönheit und Vorteile der Moose wiegen eine vielleicht geringfügig beschleunigte Alterung des Steingewerkes auf. Entsprechend gilt das auch für Holzbauten, wobei Moose bei unbehandelten Hölzern deren Alterung durchaus etwas mehr beschleunigen, aber ein gutes Gewerke doch nicht zerstören. Im Wald leisten Moose zwar der natürlichen Zersetzung von Totholz Vorschub, bei stabilen Holzbauten schaffen sie das jedoch nicht, sondern sind oft einfach nur passend und schön.

Moos vertikal – Mooswände im Freien

Vorgefertigte Mooswände gibt es als Feinstaubfilter für Städte (s. ab S. 20). Für eigene Wände, die mit Moosen besiedelt werden sollen, frei stehend oder an Gebäuden, schlage ich Moosmatten aus dem Handel vor (s. ab S. 198).

Alternativ kann ein Drahtgeflecht oder ein beliebiger anderer leerer Träger mit rauer Textur genommen und darauf Moosinitiale aus der Umgebung aufgebracht werden. Das Weitere wird der Selbstbemoosung überlassen, die durch regelmäßige Befeuchtung gefördert wird. Wiederholte hohe natürliche Luftfeuchte trägt zum Gesamterfolg bei. Die Systeme werden an der Wand, die bemoost werden soll, befestigt. Das künstliche Trägermaterial soll bei Überwachsen irgendwann nicht mehr sichtbar sein. Langfristige Erfahrungen fehlen jedoch, und mir sind bisher keine länger haltbaren Moos-Vertikalinstallationen bekannt. Hierin liegt eine lohnende Aufgabe für Tüftler. Wir stehen am Anfang, dem bekanntlich ein Zauber innewohnt.

Generell sind für Moose auch andere Vertikalgartensysteme möglich, für die es in der Literatur bereits viele Tipps für unterschiedlichste Pflanzen gibt: Stichwort »vertikale Gärten«.

Bislang nur sehr wenige spezialisierte Anbieter (s. S. 199) verkaufen Vertikalsystemwände speziell mit Moosen, die mit eigenem Patent recht robust und tauglich scheinen. Oft werden Bewässerungssysteme mit angeboten, die teils energieintensiv sind. Es ist eine Herausforderung, die Kriterien eines Natur-Moosgartens auf solche Systeme und Vertikalgärten zu übertragen.

Moos kommt besonders an luftfeuchten Stellen schnell von alleine, auch auf Mauern, die mit Moos ästhetisch gewinnen: Große Schönheit wohnt dem Kleinen inne.

Tipps zur Förderung der Eigenbemoosung von Flächen *Tatgeber 7*

Flächen sich auch mal selbst bemoosen zu lassen, ist eine vorrangige Möglichkeit und Teil jedes guten Natur-Moosgartens. Bei geeigneten Stellen (hohe Luftfeuchte, Bodenverdichtung) passiert das von allein, meist im feuchten Winterhalbjahr. Man kann aber auch ganzjährig nachhelfen:

(1) Schon bestehende Moosansätze immer belassen. (2) Darum herum Boden oberflächlich abschieben, Oberfläche verdichten, zugleich ganz leicht aufgeraut lassen. (3) Anderen Aufwuchs immer wieder entfernen, sodass nur Moos übrig bleibt. (4) Die Stelle immer wieder anfeuchten, um moosfreundlichste Bedingungen anzubieten. (Simulierung von Nieselregen: Sprühflasche mit Regenwasser, Gießkanne mit feiner Gießtülle, aber keine Flutungen!) (5) Warten. Ein paar Tage – ein paar Wochen. (6) Hat sich Moos gebildet, kann die Wassereinbringung zurückgefahren werden, weil passendes Moos robust ist.

Ein Moosteppich, der dann in die sanfte Dauerpflege übergeht (s. ab S. 139), hat sich je nach Stelle frühestens nach 3 bis 4 Wochen, spätestens nach 1 bis 3 Jahren gebildet. Wenn nicht, war die Stelle für Moose wohl unpassend – neue besser geeignete Stelle suchen. Gut leben heißt oft auch experimentieren!

Moos überm Kopf – Moosdächer!

Schön und sinnvoll ist es, auch flach geneigte Dächer mit Moos zu bepflanzen. Hierbei sind statische Rahmenbedingungen wie für Gründächer zu beachten. Gegenüber Rasendächern haben Dächer mit Moos zwei Vorteile: Moose sind leichter als Gras und sie brauchen keinen komplexen Substratunterbau. Eine Trägermatte oder dünne Schicht aus Grus oder Erde reicht. Wie bei allen Gründächern ist aber eine solide Abdichtung wichtig, sodass Wasser, das durch Moose zwar zurückgehalten wird, aber dennoch einen Überlauf benötigt, nicht nach unten durchkommt.

Man hat die Wahl, Moosmatten auszubringen, die gerade für Dachbegrünungen sehr zuverlässig sind (s. S. 107), Moos selbst zu sammeln und anzusalben (s. ab S. 101 uns ab S. 128), oder auf spontanen Moosaufwuchs zu warten. Letzteres funktioniert an sehr luftfeuchten Standorten hervorragend. Naturnahe Moosdächer sind daher vor allem in Schattenlagen wie Hinterhöfen zu finden, oft gemeinsam mit Grasdächern, und sie sehen – wie ich finde – zauberhaft aus. Dank ihrer Abdeckung isolieren sie das Haus recht gut. Gerade für sich aufheizende Städte sind kühlende Moosdächer – inklusive Luftreinigung – eine interessante Begrünungsvariante.

Heimische Moosarten, die von selbst auf Dächern wachsen, sind *Bryum (Ptychostomum) capillare, Bryum argenteum, Ceratodon purpureus, Syntrichia ruralis* und *Hypnum cupressiforma.* An sonnigeren Standorten sind kleine Polstermoose und Kissenmoose wie *Grimmia pulvinata, Schistidium crassipilum, Orthotrichum anomalum* und *Tortula muralis* typisch. Diese gibt es (noch) nicht zu kaufen, sondern durch Luft und Natur geschenkt. Sagen Sie gerne Danke nach oben.

Dachschaden durch Moose?

Es gibt auch eine eher unfreiwillige Variante der Dachbegrünung: Moose auf Ziegeldächern werden oft als Problem gesehen. Doch ist das wahr? Tatsächlich können Moose den Wasserabfluss zurückhalten, gerade das ist einer ihrer vorteilhaften Wesenszüge. Das führt bei sehr alten und vielleicht schon anderweitig angegriffenen Dächern – kurz vor ihrer ohnehin ablaufenden Haltbarkeitszeit – dazu, dass wechselfeuchte Stellen entstehen. Aus diesen kann Wasser unter Abdeckungen kriechen und die Haltbarkeit der Ziegel verkürzen. Moos verursacht zudem auch hier eine leichte Versauerung des Wassers, und saure Wasserlösungen greifen das Material allmählich an und beschleunigen ein wenig den Alterungsprozess.

In den auf Dächern wachsenden Moosen aber Schädlinge zu sehen, ist übertrieben. Auf gut gebauten, stabilen Dächern schaden sie wirklich nicht. Moos zu entfernen, ist daher nur in seltenen Sanierungsfällen nötig.

Manche Dachdeckerbetriebe haben es leider als Geschäftsmodell entdeckt, Moos von Dächern zu entfernen. Die Nachfrage ist da. Nicht wenige Menschen wollen ihr

Dach vermeintlich sauber haben. Hierin liegt eine Analogie zum klassischen Rasengärtner, der kein Moos im Rasen möchte. Dabei sind Moose auf Dächern doch so schön und wichtig, wie ich finde – ihre ökologischen Leistungen, wie Feinstaub binden, Lebensraum und Mikroklima verbessern, unterstreichen das. Hoch sinnvoll ist es also, Moose einfach zu belassen! Das ist sicher kein Zeichen von Ungepflegtheit, sondern von klugem und ökologischem Verstand.

In früheren Jahrhunderten war es übrigens verbreitet, von Dächern herabgefallene Moospolster als Toilettenpapier zu verwenden. Weich sind sie ja, leicht antibakteriell auch – und wenn man sonst gerade nichts hat?

Auf Balkon und Terrasse

Für Kleinstflächen und mit Moos bepflanzte Schalen, zum Beispiel auf dem Balkon, gelten dieselben Aspekte wie für naturnahe Moosgärten am Boden. Übertragen Sie gerne aus meinen Anregungen das, was für Sie geht, ins ganz Kleine. Auch für Ihre Fensterbank oder die Minifläche in der Stadt!

Moosgarten für Innenräume

Im Prinzip sind Moosgärten, erst recht Miniatur-Moosgärten, auch für Innenräume denkbar. Meist sind dafür allerdings wärmetolerante, nicht heimische Moosarten nötig. Hierfür hat sich schon eine Nische in der Innenarchitektur entwickelt. Allerdings ist die nötige Technik für das passende Klima oft energieintensiv oder pflegeaufwendig.

Einige spezialisierte Firmen (s. S. 199) bieten zudem teils wunderschöne Mooswände auch als Dekoration an. Oftmals sind hier aber konservierte tote Moose verarbeitet. Es geht eher um Optik, manchmal Kunst, weniger um Funktion. Dennoch können das schöne Elemente sein, die mehr Sympathien für Moose schaffen.

Ein lebendiger Mini-Natur-Moosgarten in halbhohen Glasschalen auf der Innen-Fensterbank, der öfter mal von Hand gegossen wird, ist eine weitere schöne Möglichkeit, auch mit heimischen Moosen. Welche Moose sich halten, muss je nach Standort getestet werden. Wählen Sie dafür kein zu sehr geschlossenes Rundglas, das zwar die Feuchtigkeit gut hält, dann aber je nach Umgebung auch Pilze und Schimmel wachsen lässt, die in Innenräumen im Gegensatz zum Freiland nicht gut sind.

Möglich sind auch moosbewachsene Steine aus dem Freiland auf der Fensterbank, vielleicht sogar mit einer Miniaturlandschaft drum herum. Allerdings sollten die Moose immer mal wieder mit einem Sprüher (Regenwasser!) befeuchtet werden, sodass neben Trockenheitsphasen auch Feuchtephasen der Natur simuliert werden. Mit Naturschutz hat das nichts mehr zu tun, sehr viel aber mit Spaß und Ästhetik – ebenso eine Erinnerung daran, dass da draußen Moose und ihr Schutz wichtig sind.

Pflanzenkombinationen für den Moosgarten

Tatgeber 8

Die besondere Ästhetik eines Moosgartens ergibt sich aus der Dominanz von Moos und dem weitgehenden Ausschluss anderer Pflanzen. Indem Sie ein paar (nicht zu viele!) passende Pflanzen mit Moos kombinieren, können Sie aber eine eigene Ästhetik und weiteren Naturschutz fördern. Dass dabei das Moos nicht in die Minderheit gedrängt wird, versteht sich für Moosgärtner von selbst.

Die **beste Möglichkeit** ist, einfach einige Pflanzen, die von selbst durchs Moos kommen, nicht zu jäten und somit durch Selektion des natürlich Ankommenden individuell schöne Kombinationen zu erzielen. Was zu viel ist oder nicht gefällt, wird später gejätet. Das hat den großen Vorteil, dass Sie Naturüberraschungen und Standortgerechtigkeit fördern.

Eine **weitere Möglichkeit** ist, Pflanzen aktiv einzubringen und dafür an ausgewählten Stellen Lücken im Moos zu lassen. Hierzu ein paar Pflanztipps, die gut zum Moos passen, wobei ich aus ökologischen Gründen heimische Pflanzen empfehle, die im guten Naturgartenhandel erhältlich sind.

- **Urzeitpflanzen-Zaubergarten:** Evolutionsgeschichtlich alte grüne Pflanzen harmonieren perfekt miteinander und zaubern eine Urzeitatmosphäre in den Schattengarten. Schön sind heimische Farne im Moos, besonders Rippenfarne, Frauenfarne, Eichenfarne und Schildfarne. Vom Adlerfarn rate ich ab, weil er schnell zu dominant wird. Andere Gruppen sind Bärlappgewächse *(Lycopodium)* und Schachtelhalme *(Equisetum)*, besonders zauberhaft der Waldschachtelhalm. Schachtelhalme muss man aber immer wieder eingrenzen, sie wuchern gerne aus. Kommen im Herbst von selbst ein paar Pilze auf, ist ein Zaubergarten perfekt. Dazu kann Totholz in das Moos gelegt werden, auf dem im natürlichen Zersetzungsprozess weitere Moose und Pilze erscheinen.
- **Frühlings-Farbtupfer:** Frühblüher wie Blaustern (Auwald-Art für Lehmböden), das weiße Buschwindröschen oder das gelbe Scharbockskraut zaubern zeitlich begrenzt Farbkleckse ins Moos, die im Jahreslauf kommen und wieder untertauchen.
- **Große Farbtupfer:** Schattentolerante heimische und standortgerechte Stauden wie Großer Baldrian *(Valeriana officinalis*, weiß und rosa blühend), Maiglöckchen oder Salomonsiegel *(Polygonia multiflorum)* können Moosgärten sehr bereichern. Dem eigenen Geschmack in Form und Farbe sind keine Grenzen gesetzt. Solche Pflanzkombinationen unterstützen Harmonien oder bauen ästhetisch Spannung auf.
- **Kontrapunkte:** Nicht heimisch, aber wunderschön (ich bin ja nicht dogmatisch) sind Weiße Primeln (Zuchtformen im Gartenhandel) oder schattentolerante weiße Rosenarten, die – als Königinnen der Blumen – mit Moosen, erdgeschichtlich gesehen sozusagen die »Königinnenmacher«, eine gute Kombination sind.

Im **größeren Moosgarten** können heimische Bäume gepflanzt werden, auf denen epiphytische Moose wachsen dürfen. Bäume unterstützen ein moosfreundliches Mikroklima am Boden, und Laubfall lässt sich gut managen (s. S. 140).

Moosgarten-Timing?

Mit Moos kann ganzjährig gearbeitet werden. Es wächst im Unterschied zu anderen Pflanzen auch im Winter, sofern es schneefrei und frostfrei ist. Diese Zeit bevorzuge ich. Denn erstens sind dann andere Aufgaben in Garten oder Naturbeobachtung weniger zeitintensiv, zweitens ist es luftfeucht, das Moos somit vital, und drittens treten andere Pflanzen kaum auf. Moos leuchtet und lacht einen regelrecht an.

Mein »Moos-Rhythmus« ist, dass ich im Winterhalbjahr den Moosgarten gestalte und im Sommerhalbjahr die (geringe) Pflege vornehme, kreativ werke und genieße. Es gibt aber keine »Moos-Rhythmusstörungen«, wenn man das verdreht. Moos ist geduldig. Das sollten wir auch sein: Wer ein Sommermensch ist, kann selbst bei größter Hitze ein Moosgärtner sein. Auch ich habe schon im heißen Sommer Moos umgesetzt, weil gerade Gelegenheit und Lust da waren. Bei Umsetzungen im Sommer sollten Sie aber Boden und Moos wässern.

Die meisten für Moosgärten geeigneten heimischen Moose sind sehr robust. Dennoch rege ich eine Planung »just in time« an: Wenn Sie Moos sammeln, sollten Sie dieses Moos am selben Tag auf den neuen Boden aufsetzen. Das erhöht die Chance des guten Anwachsens. Das heißt, alle anderen Schritte der Platzwahl, der Bodenvorbereitung oder der architektonischen Gestaltung sollten Sie vorbereitet haben.

Werkzeuge für den Moosgärtner

Moosgärtner benötigen das komplexeste Werkzeug von allen: den eigenen Kopf mit Wissen, Fühlen und kreativem Denken. Ansonsten sind keine besonderen Werkzeuge nötig. Nützlich aber sind:

Spaten, Schaufel oder Hacke, um Mutterboden zu entfernen. Eine kleine Gartenschaufel oder Spachtel, um Moospolster mit etwas Untergrund sanft zu entnehmen. Eine Transportbox (Kisten aller Art, bevorzugt Obstkisten) und eine alte Zahnbürste, um manchmal Moospolster von oben zu reinigen, falls sie beim Sammeln schlammbeschmiert wurden. Eine Harke (alternativ: weicher Besen, Rechen), um Herbstlaub sanft abzukehren – und Gartenhandschuhe, die ich immer trage, um Kleininfektionen oder Kleinbisse von Bodentieren vorsorgend zu vermeiden.

Wie man dabei am besten vorgeht, das wird in den nächsten Kapiteln erläutert.

Moos-Gewinn

Moose sammeln, fördern, kaufen

Wie ein unberührter Schatz aus einer anderen Zeit schien das Moos überall auf einmal zu sein. Es hatte die Bäume, die Felsen und sogar den Boden vollständig bedeckt und dem ganzen Wald ein leuchtend grünes Fell übergezogen ... Man könnte sagen, das war der Beginn meiner Liebesbeziehung zu Moosen.

Hisako Fujii,
Mosses, my dear friends

Sie wissen jetzt, was Sie in Sachen Moose wollen? Dann geht es an die Taten, nämlich Moose sammeln, fördern, vielleicht kaufen. Dabei ist einiges zu beachten.

Für einen Moosgarten mit heimischen Moosarten eignen sich von den etwa 2000 europäischen Moosarten – dieses Spektrum kommt letztendlich auch im deutschsprachigen Raum vor – bei Weitem nicht alle, denn viele sind klein, kaum kultivierbar und viele auf Baumrinden oder Steine gebunden. Sehr speziell sind Hornmoose, sie werden hier nicht behandelt. Vor allem unter den Laubmoosen finden wir diejenigen Vertreter, die sich zur Gestaltung eignen. Und immer kommen Moose auch von allein, wenn Sie Ihnen Raum und Zeit geben. Ab S. 110 nenne ich empfehlenswerte Moosarten für den Garten.

Moose sammeln – gewusst wo!

Das Gute liegt so nah: Wollen Sie die Selbstbemoosung von Flächen nicht abwarten oder fördern (s. S. 90), sollten Sie Moos vorrangig von anderen Bereichen des eigenen Grundstückes entnehmen und verpflanzen. Erst wenn das nichts mehr zu bieten hat, können Sie aus dem nächsten Wald oder von anderen Naturflächen Moos holen und ergänzen – oder im Spezialhandel kaufen. Grundsätzlich ist es immer sinnvoll, möglichst nur an solchen Standorten zu sammeln, die hinsichtlich Boden und Licht etwa Ihrem Zielort entsprechen. Möglich sind auch andere Standorte, dann aber mit dem Risiko, dass die gesammelten Moose weniger gut im Garten wachsen.

Bild links: Moose wachsen gut an Quellbächen. Sie reinigen das Wasser mit, halten es zurück und unterstützen die Vitalität von Quellen, hier Schwarzwassertal, Kleinwalsertal, Österreich.

Naturbewusstes Sammeln – die entscheidenden Kriterien

»Darf ich das überhaupt?«, lautet oft die unsichere Frage verantwortungsbewusster Menschen. In der Tat sind je nach Land, Gesetz und Behörde das Aufsammeln von Naturgütern und damit so manche naturkundliche Betätigung eingeschränkt. Dass dies in vielen Fällen mehr Problem als Schutz für unsere Umwelt ist, beschreibe ich ab S. 178. Für kleine Mengen Moos gilt, dass Sammeln und Entnehmen im öffentlichen Raum legal sind – mit ein paar Ausnahmen. So biete ich hier im Spannungsfeld von Achtsamkeit, Gesetzestreue, Naturerfahrung und Vernunft die folgenden sieben Kriterien mit Begründungen an. Damit Sie zum verträglichen Moossammler und offenen Denker werden oder es bleiben – natürlich nachhaltig.

1. Schutzgebiete wie Naturschutzgebiete, Nationalparke und Kernzonen von Naturparken und Biosphärenreservaten sind tabu für den Moossammler, denn dort soll Moos ungestört wachsen, wie es will.

2. Außerhalb von Schutzgebieten gilt beim Sammeln: Weniger ist mehr. Ich empfehle, grundsätzlich nur wenig Moos auf einmal zu sammeln (für maximal 20 Quadratmeter, eher weniger), weil ein guter, naturnaher Moosgarten langsam »organisch« wachsen sollte, damit sich die Kleinlebewelt Schritt für Schritt mit einstellen und das Moos anwachsen kann. Fehler oder Disharmonien lassen sich so auch leichter korrigieren. An der Entnahmestelle kann Moos gut nachwachsen, und die Stelle wird nicht geschädigt, was ein gutes Nachhaltigkeitsprinzip ist. Natur braucht Zeit, sagt uns Moos seit über 500 Millionen Jahren. Wer dennoch große Flächen auf einmal mit Moos bestücken möchte, sollte mit gekauften Moosmatten arbeiten (s. S. 107) und nur wenig selbst gesammeltes Moos hinzunehmen.

3. Geschützte Moosarten (leicht erkennbar: alle Torfmoose *[Sphagnum]* und *Palustriella* an Kalkbächen) dürfen nicht gesammelt werden. Deshalb stelle ich ab S. 110 nur einige relativ einfach erkennbare, häufige Arten vor, die unter den genannten Kriterien verträglich gesammelt werden können.

4. Immer nur von den jeweils häufigsten Moosen einer Stelle etwas mitnehmen! So bedrohen Sie nicht versehentlich seltene Vorkommen. Dann ist es auch nicht so wichtig (aber dennoch vorteilhaft), deren Namen zu kennen.

5. Selbstbeschränkung mit Nachhaltigkeit! Genügend Moos der jeweiligen Moosart unberührt zurücklassen, damit sich die Lokalität nicht »nachhaltig« verändert, sondern schnell erholen kann. Ich sammle nur maximal jedes fünfte Moospolster derselben Art auf einer Fläche ab.

6. Grundstückseigentümer fragen! Bei größeren Mengen (wovon ich ohnehin abrate, s. Kriterium 2) im Wald müssen Sie den Waldbesitzer oder zuständigen Förster (Forstamt) fragen. Förster sind oft kooperativ und zeigen geeignete Stellen. Privateigentum ist zu respektieren – vor Moosentnahme den Besitzer fragen.

Orientierung im Gelände anhand von Moosen? *Moos-Wissen-Blickpunkt 10*

Moos wächst auf der Westseite und Nordseite der Bäume, damit kann man sich im Gelände orientieren und auf Himmelsrichtungen schließen – so meinen viele. Und meinen es meist falsch! Denn Moos wächst nur dann bevorzugt auf der Wetterseite (nicht in allen Teilen der Welt ist das die Westseite oder Nordseite), wenn das an einer Stelle überdeutlich auch wirklich die luftfeuchteste Stelle ist. Je nach Landschaft sind dafür aber andere Einflüsse viel bedeutender: So kann je nach Hang- und Schattenlage, Niederschlagshäufigkeit, Baumrindenart oder bei nahem Gewässer Moos genauso gut auf anderen Seiten und häufig rundherum gut wachsen. Zur Orientierung im Gelände muss man also Weiteres zum Standort wissen. Hilfreich ist es auch, die Moosarten und ihre Ansprüche zu kennen (zum Beispiel unterschiedliches Substrat- und Feuchtebedürfnis, Schadstoffempfindlichkeit), dann erst sind Rückschlüsse auf Standorteigenschaften möglich.

7. Moose retten anstatt intakte Lebensräume zu besammeln. Entlang von öffentlichen Wegen oder Straßen sollte bevorzugt gesammelt werden, weil man dort am schonendsten hinkommt, meist nicht nachfragen muss und der Standort meist weniger wertvoll ist. Sehr Sorgsame sammeln nur dort, wo dem Moos ohnehin bald droht, durch geplante Aufräum- und Bauarbeiten entfernt zu werden.

Oder man sammelt nur die schon abgebrochenen Moosstücke. Auch wenn Moos von Dächern heruntergefallen ist, kann man das noch verwenden. Ich gehe gerne mit offenen Augen durch die Landschaft und bediene mich bevorzugt vor anstehenden Eingriffen (über die ich mich kundig gemacht habe) oder Reinigungsarbeiten am dortigen Moos. So darf ich das schöne Gefühl haben, Moos und Leben zu retten, was sonst verloren wäre. Werden auch Sie Moosretter. Und machen Sie Ihren Garten zu einer Arche Moosa.

Nur mit diesen sieben Kriterien ist Moosentnahme in der Natur – vor allem bei geringen Mengen – unproblematisch, ja mit Kriterium 7 sogar sinnvoll und ein Naturschutzbeitrag. Riesen-Sammelmengen können dagegen den Naturhaushalt stören, so wie in Teilen Südamerikas Massen an Moos für die Weihnachtskrippengestaltung gesammelt werden. In solche Dimensionen wollen wir nicht vorstoßen.

Aber auch bei kleinen Mengen versteht es sich von selbst, dass Sie diese nicht heimlich bei Vollmond vom gehegten Grundstück des Nachbarn entnehmen. Häufig ist dieser nach einem Gespräch überaus dankbar, sein ach so lästiges Moos wegzubekommen – und hält Sie für verrückt. Vielleicht hilft er Ihnen sogar dabei, damit das Moos noch schneller weg ist. Nicht auszuschließen ist aber, dass er später beim Anblick Ihres schönen Moosgartens sein Moos das letzte Mal weggegeben hat und bald selbst einen solchen anlegt – keiner ist verrückt.

Moose in Stein! *Moos-Wissen-Blickpunkt 11*

Moose sammeln geht auch mit Steinen – einige beliebte Sammlerobjekte sind:

Fossilien von Moos: Sie gibt es seit dem Karbon (vor etwa 300 Millionen Jahren). Vor dem Karbon sind keine Moosfossilien bekannt, obwohl es Moose seit mindestens 500 Millionen Jahren gibt.

Moose im Bernsteinwald: In Bernstein, dem versteinerten Baumharz, sind neben Einschlüssen verstorbener Kleintiere auch viele Moos-Einschlüsse zu finden (Moos-»Inklusien«), die je nach Herkunft 40 bis 50 Millionen Jahre alt sind. Die Fundorte des Bernsteines in Mitteleuropa und Nordeuropa, von Skandinavien, dem Baltikum bis hinein ins nördliche Mitteleuropa, werden als »Bernsteinwald« zusammengefasst. Die eingeschlossenen Moose ähneln den heutigen Moosen und lassen Rückschlüsse auf das Aussehen dieser faszinierenden Urwälder zu: abwechslungsreich mit vielen lichten Bereichen aus Eichen und Kiefern (harzreich), aber auch feuchte, gewässerreiche Waldregionen mit Lorbeer und Palmen, die teils an Tropenwälder erinnern. Und mittendrin offenbar ganz viel Moos, ein Hauch eines vergangenen Paradieses.

Moosachate: Das sind wunderschöne und geheimnisumwitterte natürliche Mineralien-Kombinationen vulkanischen Ursprunges, die es in sich haben: Erstens sind es Chalcedone, besondere Varietäten der Quarze (Siliziumoxide), die als Achate bezeichnet werden, wenn sie Bänderungen oder Strukturen enthalten. Und zweitens sind die teils grünen Strukturen im Chalcedon-Stein, die wie Moose und Mooslandschaften aussehen, keine Fossilien oder Einschlüsse derselben, sondern es sind andere Mineralien (meist Hämatite oder Chlorite).

Nach dem Prinzip der Moosachate gibt es **Moosopale:** Opale mit Einschlüssen von Mangan und Eisen, die moosähnliche Formen bilden. Moos-Opalen fehlt allerdings das Farbenspiel des Opalisierens.

Entnahme von Moos – das eigentliche Ausgraben

Das Wort »Ausgraben« ist übertrieben. Moose haben keine »richtigen« Wurzeln, weshalb man die meisten Arten mit der Hand aufsammeln kann. Ich empfehle eine flache, kleine Gartenschaufel, mit der man 1 – 5 cm unter das Moosstück oder Polster greift und es vorsichtig vom Boden abtrennt.

Polytrichum-Arten sitzen etwas tiefer, sodass man bis zu 10 cm mit der Schaufel unter dem Moos abstechen kann, wobei möglichst große, zusammenhängende Polster als Einheiten anzustreben sind.

Wichtig bei jeder Moosentnahme ist, dass Sie Moos immer mit etwas Muttersubstrat, das auch die bewachsenen Steine, Äste oder Holzstücke sein können, abgraben und mitnehmen. Dies ist eine entscheidende Wachstumsgrundlage und wird beim Einbringen wieder mit unters Moos gegeben.

Bild rechts: Moosorte sind wichtige Sommer- und Winterquartiere für viele Tiere, auch Amphibien wie Feuersalamander, hier im Moosgarten Staudernheim.

Moose sammeln geht auch anders: Moose fotografieren!

Tatgeber 9

Moose sind wunderbare Fotomotive. Zur Dokumentation Ihrer Moose empfehle ich ein Foto des Entnahmeortes samt Moos. Auch Foto-Sammlungen verschiedener Moose, von Moos-Stimmungen oder Makroaufnahmen bis hin zur künstlerischen Bildkreation, sind lohnende Motive. Wurzeln oder Baumstubben mit Moos bieten spannende Impressionen und Themenwelten: Naturgeister, Naturfantasien, Mikrolebensräume? Und bei realistischer Foto-Dokumentation von Moosstandorten und deren Veränderungen können Sie der Naturforschung und dem Naturschutz dienen.

Transport des Sammelgutes

Die gesammelten Moosstücke werden einfach in Kästen, Kistchen oder Bottichen aller Art transportiert. Da der Transport relativ kurz und das Moos am selben Tag verarbeitet sein sollte, kann man mehrere Schichten, durch Plane, Folie oder Zeitungspapier getrennt, aufeinanderlegen. Bei längerem Transport sollten Sie Obstkisten oder andere luftige Behältnisse verwenden, damit die Moose austrocknen können. Das ist für sie auf engem Raum besser, um das Risiko einer Verpilzung zu minimieren.

Selbst sammeln oder kaufen?

Für den Garten und bei Kleinmengen rate ich zunächst vom Kauf der Moose ab und empfehle stattdessen, die genannten Sammelschritte zu gehen. Nicht dass ich damit den in Europa so sachte beginnenden Gartenhandel mit Moosen und Moosmatten schwächen will, ganz im Gegenteil, aber es ist normalerweise für Sie und einen Natur-Moosgarten ohnehin besser und Teil (m)eines Konzeptes, es Schritt für Schritt mit Arten der Umgebung wachsen zu lassen.

Für größere Moosgartenprojekte in Parks, zum Beispiel durch die öffentliche Hand, kommt man über einen Ankauf meist nicht herum. Aber auch dann sollte es zumindest kleine Impfflächen geben, wo nach den guten Sammelkriterien ein paar Moose aus der Nachbarschaft wachsen und sich ausbreiten dürfen.

Für alle, die nicht selbst sammeln können oder wollen, bietet der Naturgarten-Fachhandel Möglichkeiten. Oder Sie regen durch Fragen und Wünsche einfach selbst die Nachfrage nach heimischem Moos an. In guten naturnah wirtschaftenden Gärtnereien scheint sich langsam ein kleines Nischenangebot heimischer Moose zu mehren. Außerdem werden Moose auch mal als »Abfallprodukt« von Gartenbau oder Baumschulen abgegeben. All das ist zu begrüßen, da darf man zugreifen. Allerdings sind wilde Moose aus der nächsten Umgebung vorzuziehen, auch weil man damit den autochthonen Genpool unterstützt und keine Florenverfälschung betreibt. Andererseits fliegen Moossporen so weit, dass man eine unerwünschte genetische Durchmischung nicht überproblematisieren sollte (s. auch S. 184).

Langfristiges Vorbild ist Japan: Dort gibt es angesichts der Tradition und Popularität von Moosgärten viele Gartengeschäfte, die ganz selbstverständlich Moose anbieten, auch Kleinmengen für den Balkon oder Innenhof, oft den traditionellen Bonsai ergänzend. Auch in den USA entwickelt sich ein Markt für »moss gardening«. In Europa gibt es bislang – neben Anbietern von Moosmatten, Moosdachbegrünungen und komplexere Spezialanfertigungen (vertikale Gärten, Mooswände) – erst wenige gute Optionen. Wenn dieses Buch dazu beiträgt, eine Nachfrage anzukurbeln, wäre das ein schöner Nebeneffekt für die gute moosige Sache. In »normalen« Gärtnereien sollten Sie aufpassen, dass Ihnen nicht das Sternmoos als Moosersatz verkauft wird (s. S. 130).

Moosmatten – der Moos-Fertigbau

Wenn kein schrittweiser Aufbau des Moosgartens möglich ist, lassen sich Flächen mit Moosmatten schnell und einfach bemoosen. Vor allem für größere Flächen oder Dachbegrünungen ist das die Methode der Wahl. Bisher werden die Moosmatten meist auf Dächern eingesetzt, selten als Straßenbegleitgrün, gelegentlich als Grundmaterial für Moos-Kunst-Installationen. Eine breitere Anwendung für Moosgärten steht noch aus. Moosmatten sind in etwa wie Rollrasen, nur mit Moos. Dazu war eine ausgefeilte Entwicklung nötig, um Moose zu kultivieren, weshalb es bisher nur wenige Anbieter gibt. Ab etwa 35 Euro pro Quadratmeter (Stand 2021) sind Sie dabei.

Mehrere Moosarten sind dabei auf einer Art Vlies aus organischem Material oder auf Drahtgeflecht vorkultiviert. Die Hersteller arbeiten meist mit etwa zehn Moosarten: Darunter sind *Hypnum* (Schlafmoose) für schattigere Bereiche, *Racomitrium* (Zackenmützenmoos) für Halbschatten und sonnigere Flächen, *Polytrichum*-Arten und oft *Ceratodon purpureus* (Purpurmoos), das schadstofftolerant ist.

Die Matten müssen zunächst mithilfe von Erdnägeln oder Bändchengewebe befestigt oder mit Steinen beschwert werden. Je nach Unterlage wird zusätzlich ein Unterbau mit dränfähiger Schicht empfohlen. Der weitere Pflegeaufwand der Matten ist sehr gering. Die Moose werden bei Trockenheit zwar naturgemäß braun, nach Regen aber wieder frisch grün. Aufgrund der Trennschicht der Matten können spontan auftretende Pflanzen nicht im Erdreich wurzeln. Ein Jäten entfällt. Allerdings besteht dadurch auch kein Kontakt zur Bodenlebewelt, was die Naturnähe einschränkt. Je nach Standort verschiebt sich das Artenspektrum: Die am besten angepassten Moose dominieren, neue kommen hinzu.

Moose sammeln geht auch anders: Moos-Herbarium! *Tatgeber 10*

Legen Sie ein Moos-Herbarium an: kleine Moosstücke (Pflänzchen, Polsterprobe) entnehmen, trocknen und in Papiertüten trocken lagern. Wichtig ist die Beschriftung mit dem ganz genauen Fundort (am besten GPS-Koordinaten), Funddatum und Namen der Moosart (kann auch später bestimmt werden). So begleiten Sie Ihren Moosgarten wissenschaftlich oder können sich weiter in die Vielfalt der Moosarten einarbeiten. Mit der Zeit können Sie einen Beitrag zur Mooskunde Ihrer Landschaft, in der Sie sammeln, leisten, was wiederum Grundlage für Beurteilungen im Naturschutz ist. Kontakte, Austausch und mehr zum Einstieg bietet die Bryologisch-lichenologische Arbeitsgemeinschaft für Mitteleuropa e. V. (s. S. 198).

Schlafmoos: »Ich komme überall hin. Aber das ist streng geheim!«

Interview 3

Jetzt ist mein Gesprächspartner eines der häufigsten Moose unserer Zeit.
Demnächst auch in Ihrem Moosgarten?

Michael Altmoos (MA) Was ich Sie immer mal fragen wollte: Sie haben viele Identitäten: Schlafmoos, Schlafmützenmoos, Zypressenschlafmoos – und »Grünes Schnuffelchen«. Welche Namen noch? Ihren wahren Namen möchte ich am Ende des Interviews nennen, als letztes Wort. So habe ich mit den anderen Moosen gewettet. Zunächst frage ich Sie aber direkt: Sind Sie ein Geheimagent?

Schlafmoos (S) *Nenn mich nicht »Schnuffelchen«!*

MA Entschuldigung. Ich hätte nicht nachts ins Moos hineinhören sollen. Aber was stimmt denn nun?

S *Ich verrate es nur hier: Ich bin wirklich der Geheimagent Ihrer Majestät im fortwährenden Spezialauftrag.*

MA Ich hab's geahnt. Und wer ist diese Majestät?

S *Das ist Eure Glaubenssache, Mensch. Ich sag's mal so: Natur.*

MA Und was ist der Spezialauftrag?

S *Wachsen, moosen, überwuchern, ist doch klar. Ich bin weltweit verbreitet und bemoose alles, was nicht bei Drei auf den Bäumen ist, notfalls sogar auf den Baum hinterher. Man muss flexibel sein in meinem Job: die Welt schöner, grüner, weicher, sauberer, ruhiger, friedlicher machen. Gegen »Graue Herren« und all ihre Verbündeten. Weltherrschaft und so. Kennst'e ja von den ganzen Filmen. Und ich bin das Gute.*

MA Ah, jetzt erinnere ich mich. Ich habe Sie schon mal im Bestimmungsbuch gesehen. Sie sind es, das vielgestaltige Hypnum cupressiforme, das weltweit in so vielen Unterarten und Formen verbreitet ist und daher in jeder Sprache mehrere Namen hat. Das Moos, das leicht Massenbestände am Boden, auf liegenden Stämmen, Holz und Gestein bildet und undercover in jeden schattigen Moosgarten einzieht. Jetzt sind Sie enttarnt. Und noch was sag ich Ihnen: Sie sind ein Moos, das pleurokarp ist.

S *Hä?*

MA Stellen Sie sich nicht dumm. Pleurokarp heißt, dass Sie seitenfrüchtig sind. Als flach am Untergrund anliegendes Moos, ich sag mal Flachmoos, wachsen Ihre Sporophyten, Ihre »Früchte«, nach außen, zur Seite. Raffinierte Methode. Jedenfalls breiten Sie sich ganz geschmeidig, schnell und überaus lautlos aus.

S *Was denn sonst? Und nenn mich nicht Flachmoos, Flachmann!*

MA Schon gut. Für uns Mooskundler ist das einfach eine Unterscheidung zu den akrokarpen Arten wie dem Polytrichum, das Sporenkapseln nach oben bildet. Wir Menschen wollen eben alles ordnen und einteilen, für den Überblick.

S *Selbst schuld. Ich und Natur bestehen immer aus Übergängen. Ist aber geheim.*

MA Nicht geheim ist, dass man Ihre Vorfahren im Mittelalter sammelte. Warum denn das?

S *Oh ja, meine Vorfahren haben manchmal ganz schön gelitten, aber wir wachsen schnell nach. Noch schneller als die Polytrichum-Typen, die man für weiche Matratzen brauchte. Uns haben die Menschen eher in Kopfkissen gestopft, weil sie dachten, unsere Ästchen seien ein gutes Schlafmittel. Sind Sie aber nicht. Aber deshalb heißen wir in manchen Landstrichen noch heute Schlafmoos oder auch Schlafmützenmoos. Gute Tarnnamen übrigens.*

MA Auch nicht mehr geheim ist, dass man gerade aus Ihnen einen guten Sud gegen Schnecken im Garten machen kann: einfach Ihre Blättchen, Sie haben ja so viele ...

S *Hey, übertreib's nicht, ich bin ein ganz wichtiger Geheimagent!*

MA ... in Wasser legen und den möglichst dicken moosgrünen Sud auf die zu schützende Pflanze auftragen. Lust auf einen Drink?

S *Okay, aber geschüttelt, nicht gerührt.*

MA Wir verstehen uns, James.

Polytrichum formosum – *Schönes Frauenhaarmoos*

Der schöne Klassiker und eines der häufigsten Waldmoose, perfekt für Schatten und Halbschatten auf eigentlich allen nicht extrem kalkreichen Böden geeignet, sollte in keinem Moosgarten fehlen (s. S. 22). Diese Moosart hat ein breites Toleranzspektrum. Sie ist akrokarp und ihre Stängelchen sehen wie kleine Bäume aus: zauberhaft!

Ähnlich gut moosgartengeeignet sind auch andere *Polytrichum*-Arten. *Polytrichum commune* wächst aber eher auf Niedermoorstandorten, die meist unter Naturschutz stehen. In japanischen Moosgärten sind *Polytrichum*-Arten oft Bestandsbildner, darunter häufig *Polytrichum juniperinum*. Letztgenannte Art verträgt Luftschadstoffe, relativ trockene Standorte und kommt auf sauren Sandböden, zum Beispiel in der Mitte und im Osten Deutschlands, manchmal von selbst in den Vorgarten.

Geeignete Moosarten zum Erkennen und Aufsammeln

Als einfache Orientierung gilt der Grundsatz, nur an solchen Standorten Moos für den Garten zu sammeln, die vom Licht, von Feuchte und Bodenart in etwa der Zielfläche entsprechen – und dort von den jeweils häufigsten Moosarten nur einige Moose zu nehmen. Moos von Kalkstandorten sollte nicht auf sauren Boden und umgekehrt aufgebracht werden. Moose aus dem tiefen Schatten sollten nicht im Licht stehen. Selbst wenn Sie die Moose nicht kennen, machen Sie kaum Fehler, wenn Sie sich an diesen Kriterien orientieren.

Schöner ist es, Moosarten vorher zu kennen und nach ihnen zu suchen, gut aber auch, sie nachträglich zu bestimmen. Dafür dient gute Bestimmungsliteratur (s. S. 198). Für den mitteleuropäischen Moosgarten hebe ich hier gerne 24 Moosarten mit eigenen Worten hervor, ohne Bestimmungswerke ersetzen zu wollen.

Eurhynchium striatum – *Schönschnabelmoos*

Schönschnabelmoos ist ein guter Bodendecker auf meist feuchten Waldböden, sowohl auf sauren Substraten als auch auf Kalk. Es zeigt im Moosgarten im Schatten und Halbschatten eine große Standorttoleranz und Ausbreitung. In Form kleiner Moosteppiche überwächst es Steine und auch Holz. Es ist ein pleurokarpes Moos und bildet schöne Matten. Auch andere *Eurhynchium*-Arten sind moosgartengeeignet, aber nicht ganz so häufig.

Rhytidiadelphus squarrosus – *Sparriges Kranzmoos, Runzelpeter*

Das Sparrige Kranzmoos ist ein Moos, das als »Filzgras« oder Wiesenmoos so manchen Rasengärtner ärgert, bei näherem Blick aber wunderschön ist. Man kann es gut aus Rasenflächen gewinnen, wobei darauf zu achten ist, Gras, das durchwächst, zu entfernen. Dieses Moos wächst auch gut in der Sonne, wenn die Luft häufig feucht ist. Es verträgt aber keinen basischen Standort.

Plagiomnium (oder Mnium) undulatum – *Gewelltes Sternmoos*

Diese Schönheit wächst auf feuchtem erdigen und nicht zu flachgründigem Boden, sowohl auf Kalk als auch auf saurem, aber nährstoffreichem Waldboden. Bei mir im Moosgarten kam es von selbst. Es benötigt viel Feuchte, ist also ein typisches Schattenmoos. Diese Art füllt Lücken, oft vergesellschaftet mit Schönschnabelmoos, von dem es auch mal überwuchert wird. Laut Düll[10] ist es ein evolutionsbiologisch junges Moos, ein echter Europäer, der in Amerika natürlicherweise fehlt und wohl erst nach Trennung der Kontinente entstanden ist. Oft findet man es in Parks, Wiesen und an Waldwegen (gute Sammelorte).

Pleurozium schreberi – *Rotstängelmoos*

Rotstängelmoos findet sich durchaus oft in naturfernen Nadelforsten. Naturnahe Standorte sind Steine, die es gerne überwächst. Es ist Kalk meidend und empfindlich gegenüber Luftverschmutzung. Die Moosart ist besonders gut wasserspeichernd und erosionshemmend. In den Verästelungen können sich Kleintiere verstecken. Früher wurde es als Verpackungsmaterial genutzt. In Moosgärten, in die es auch oft von alleine dringt, hat es durch seine Schönheit Starqualitäten.

Rhytidiadelphus triquetus – *Dreieckiges Kranzmoos, Runzelbruder*

Der Dreieckige Runzelbruder ist ein heimisches Astmoos, das aber nicht auf Ästen wächst, sondern eine astförmige Wuchsform nach oben hat, was schöne Bilder im Detail ergibt: Der liebevolle Name »Runzelbruder« ist da schon ganz passend. Weit verbreitet ist es in Licht und Schatten, am Boden in Wäldern, aber auch auf steinigen Böschungen, in Hecken, sogar in Rasen. Es kam bei mir im Moosgarten von selbst, kann aber auch gezielt gesammelt werden. Es ist empfindlich gegenüber starker Luftverschmutzung.

Thuidium tamariscinum – *Tamariskenmoos*

Der Name drückt schon aus, dass Tamariskenmoos im Aussehen Thuja und Tamariske nicht unähnlich ist, nur viel kleiner: eben ein schönes Moos. Es ist ein typisches Schattenmoos für relativ dunkle Moosgartenecken, in denen es aber wunderbar auffallen darf. Das geht einher mit hohem Luftfeuchtebedarf. Natürlicherweise wächst es an schattigen Waldhängen, auch an Wegrändern oberhalb von Bächen in Mittelgebirgstälchen, wo es häufig und gut zu sammeln ist. Gerne überwächst es auch Steine und Holz am Boden, die als Substrat mitgesammelt werden sollten. Für sehr viele Kleintiere ist es Lebensraum. Typischerweise lebt Tamariskenmoos in Symbiose mit kaum sichtbaren Pilzen, die sich im Moos befinden. Fehlt der Pilz, ist das Wachstum kümmerlicher. Fühlt sich das Moos aber wohl, kann es quasi eine Etage höher wachsen, um das Falllaub des Waldes von selbst zu überwinden, aber auch andere Moose zu überwuchern, die sich dann weniger wohlfühlen dürften. Mit diesem Moos sind traumhafte Moos-Bilder im naturnahen Garten möglich.

(Pseudo-)Scleropodium purum – *Grünstängelmoos*

Besonders oft wächst Grünstängelmoos am Boden der großen Kiefernwälder im Norden und Osten Deutschlands, aber auch sonst in Wiesen und Böschungen. Für Moosgärten in jenen Regionen ist es gut kultivierbar. Es ist weltweit verbreitet, auch in den Bergen bis zur Schneegrenze, und bildet ganze Decken.

Dicranum scoparium – *Besenförmiges Gabelzahnmoos*

Dieses wunderschöne Waldbodenmoos verträgt sowohl hohe Feuchte als auch längere Austrocknung. Es wächst auf relativ kalkarmen Böden und auf morschem Holz. Auf niedrigeren pH-Wert reagiert es mit geringerem Wachstum, sodass Rückschlüsse auf Versauerungen möglich sind. Dieses Moos kann nur mäßig gut mit Luftverschmutzung umgehen. Im Moosgarten setzt es optische Akzente.

Mnium hornum – *Schwanenhals-Sternmoos*

Schwanenhals-Sternmoos wächst gerne auf gefallenen Stämmen mit zumeist saurem Holz, die vielleicht in einen Moosgarten eingebracht werden oder dort bereits liegen. Bei mir bildet es wunderschöne Rasen auf einem liegenden Wildkirschenstamm. Das ist auch auf saurem Erdboden möglich.

Hypnum cupressiforme – *Schlafmoos*

Schlafmoos ist ein formenreiches und sehr häufiges Waldmoos mit vielen Unterarten (s. S. 108). Es ist weltweit verbreitet, in Mitteleuropa aber besonders häufig. Bevorzugt wächst es auf morschem Holz und Gestein, lieber als auf Erde und Mauern. Bei mir im Moosgarten ist es die häufigste Art und von selbst angekommen, als pleurokarpes Moos dominiert es viele Flächen. Schlafmoos wirkt nicht ganz so tiefgrün wie zum Beispiel *Polytrichum*-Arten, sondern eher leuchtend hellgrün, manche sagen giftgrün. Es ist eines der Moose, die auch trocken relativ frisch aussehen. Mit seinen Farbkontrasten zu den dunkelgrünen *Polytrichum*-Arten lassen sich kunstvolle Moosaike oder Moosspiralen gestalten.

Leucobryum glaucum – *Weißmoos, Polsterkissenmoos*

Dieses wunderschöne, samtene Moos ist Kalk meidend und weit verbreitet auf hageren Waldböden, vor allem um Wurzeln der Bäume herum. Weißmoos ist ein klassisches Aufsammelmoos, weil es so schön ist. Früher wurde es – je nach Region – teils massenhaft für Bastelarbeiten, zur Zierde und zum Weiterverkauf, zum Beispiel an die Floristik, gesammelt. Daher steht es auf der europäischen FFH-Anhang-V-Liste, was bedeutet, dass der Staat die Bestände dahin gehend beobachten muss, dass diese nicht durch Entnahme gefährdet werden. Hält man sich an meine Sammelkriterien, ist eine Entnahme für den Moosgarten unproblematisch. Es ist schattenverträglich, kommt aber auch mit lichten Standorten gut zurecht.

Ceratodon purpureus – *Purpurmoos, Purpurstieliges Hornzahnmoos*

Purpurmoos ist sehr schadstofftolerant und wächst auch entlang von Straßen. Es bildet schöne Polster und Moosrasen am Boden und auf Dächern. Die Sporogone lassen das Moos rötlich schimmern, ohne sie ist es schwer eindeutig bestimmbar. Die Art ist weltweit verbreitet. Sie wächst oft auf offenen Sandböden und Rohböden, wo sie Erosion gut mindert und den Boden für weitere Pflanzen vorbereitet.

Brachythecium rutabulum – *Krückenförmiges Kurzbüchsenmoos, Bäumchenmoos*

Das Krückenförmige Kurzbüchsenmoos ist sehr Nährstoff und Nitrat liebend. Damit ist es eine Zeigerpflanze, dass dort, wo es wächst, ziemlich viele menschliche Stoffeinträge stattfinden. Es wächst überall: am Boden, auf Gestein, Borke, sogar auf Abfall – eine breite Toleranz rund um den neutralen pH-Wert. In Moosgärten, gerade in Städten, ist das ein dankbarer und wohlaussehender moosiger Freund. Beste Empfehlung! Rasenpuristen hingegen ist es häufig ein Dorn im Auge.

Calliergonella cuspidata – *Spießmoos*

Spießmoos braucht viel Feuchte oder tiefen Schatten. Es wächst auf Boden, gerne auf Steinen und überwuchert diese oft. Das sieht schön aus. Spießmoos ist eines der häufigsten Moose Europas, mit breitem Toleranzspektrum, sehr anpassungsfähig, wobei es nährstoffreiche Standorte bevorzugt. Oft wächst es in Lücken zwischen den anderen Moosen hinein, kann aber je nach Standort selbst Moosrasen prägend werden.

Atrichium undulatum – *Gewelltes Katharinenmoos*

Häufig in der Natur, gerne auf offenerdigen, nährstoffreichen und feuchten Standorten in Wäldern, auf Böschungen und in Parks, nicht aber auf reinem Kalk. Ein hübsches Moos für den Moosgarten, wenn es feucht ist, dann häufig mit attraktiven Sporophyten. Im trockenen Zustand unansehnlicher, dann wäre das ähnlich aussehende Mnium hornum der bessere Blickfang am Boden.

Cirriphyllum piliferum – *Haartragendes Spitzblattmoos*

Das Haartragende Spitzblattmoos ist ein Bodenmoos auf nährstoffreicheren Erden, auch auf Kalk. Es ist sehr Schatten liebend, kann aber auch auf feuchten Wiesen gefunden werden.

Orthotrichum affine – *Goldhaarmoos*

Ein Beispiel aus Hunderten von epiphytischen Moosarten: Das auffällige Goldhaarmoos kommt häufig an Bäumen mit rauer Borke vor. Allerdings ist es etwas luftschadstoffempfindlich. Abgebrochene Äste mit diesem schönen Moos bereichern immer mal wieder – aktiv eingebracht – meinen Moosgarten. Es wächst auch auf den Bäumen rund um den Moosgarten und ergänzt somit schön die »Bodenmoose«.

Thamnobryum alopecurum – *Bäumchenmoos*

Die attraktiv dunkelgrünen »Ästchen« sind ein Blickfang. Das Bäumchenmoos kommt meist auf Gestein an nassen Standorten vor, wo es vielleicht sogar Spritzwasser gibt. Bei mir im Moosgarten, ohne jedes Spritzwasser, wächst es tief im schattigsten und luftfeuchtesten Bereich und ist sogar von selbst gekommen. Auch eine wunderbare Zierde auf Steinen.

Bryum argenteum – *Silber-Birnmoos*

Eigentlich ist das Silber-Birnmoos ein Allerweltsmoos, ein typisches Stadtpflastermoos, das gerne auch Ihren Wegrand von selbst bemoosen oder auf Steinen in Ihrem Moosgarten ankommen darf. Meiner Erfahrung nach ist es aber schwer, es gezielt und erfolgreich einzubringen (und wenn, dann nur mit kompletter Unterlage), es kommt aber oft und schnell von selbst. Ein wohlanpassungsfähiger, unterschätzter Eigenbrötler, der bei näherem Blick wunderschöne Polster bildet. In diesem Moos finden sich besonders viele Bärtierchen (s. ab S. 28).

Lebermoose

... werden hier nicht vorgestellt. Sie kommen auf regelmäßig feuchten Standorten oder Steinen von selbst oder sind im Handel für Aquaristik erhältlich. Für solch spezielle Moosgärten wie wasserüberrieselte Wände eignen sich folgende heimische Arten: *Marchantia polymorpha* (Brunnenlebermoos), *Conocephalum conicum, Lunularia cruciata.*

Rhytidium rugosum – *Hasenpfoten-Moos*

Hasenpfoten-Moos ist ein Moos flachgründiger, basenreicher Böden, das vielerorts zurückgegangen ist. Dennoch ist es stellenweise noch für Moosgärten auf solchen Standorten aufsammelbar, ein Spezialmoos für offene, sonnige, auch kalkreiche Standorte, die aber häufig eine Nebelfeuchte abbekommen. In den Kalkalpen wächst es oft auf Almwiesen oder dortigem Gestein.

Racomitrium canescens – *Zackenmützenmoos*

Das kalkverträgliche und durchaus sonnenliebende Zackenmützenmoos ist empfindlich gegenüber Luftverschmutzung. Natürlicherweise kommt diese schöne Moosart in größeren Beständen auf Sandrasen und Trockenrasen, Mauern und an Wegsäumen vor. Im Moosgarten kann sie auch gut den Boden bedecken und wird in kommerziellen Moosmatten eingestreut. Auch andere heimische *Racomitrium*-Arten sind moosgartengeeignet, aber seltener.

Homalothecium (oder Camptothecium) lutescens –
Seidenmoos, Krummbüchsenmoos

Seidenmoos ist eine Moosart für sehr sonnige Standorte, besonders auf basenreichen und kalkreichen Böden, auf Trockenrasen und Kalkschutthalden. Ein Spezialfall für Standorte und Gärten dieser Art, aber auch zu finden oder von alleine ankommend auf kalkreichen Mauern.

Abietinella abietina – *Tännchenmoos*

Tännchenmoos wächst in kalkreichen Rasen, auf offenen Flächen oder an Wegböschungen, ist gut sonnenverträglich, bevorzugt aber häufige Nebelfeuchte. Daher ist es in den Alpen recht häufig. Auf dem Boden wirkt es wunderschön – wie kleine Tännchen.

Silber-Birnmoos: »Wir sind stark, wenn Ihr schwach seid«!

Interview 4

Zum Interview verabredet bin ich nun mit dem Silber-Birnmoos. Aber wo ist es denn?

Birnmoos (B) *Hallo, suchst Du mich? Schau mal in die Pflasterritze. Hier bin ich. Hier, ganz unten.*

Michael Altmoos (MA) Ach, Du heiliges Moos, so versteckt! Guten Tag, verehrtes Bryum argenteum, Silber-Birnmoos, im Pflaster hatte ich noch nie jemanden gesprochen.

B *Ich kann auch oben wachsen: Dachrinnen, Terrassen, Mauerfirste. Aber ich sehe es gerne, wenn sich jemand nach mir bückt. Wir sind da, wo Ihr nicht seid. Wir sind groß, wenn Ihr klein seid. Wir sind stark, wenn Ihr schwach seid. Alles kommt immer wieder neu.*

MA Rätselsprüche liebe ich. Aber können Sie das bitte erklären. Ich habe gelesen, dass Ihr Birnmoose früher fast nur Vogelfelsen oder andere stark stickstoffhaltige Orte besiedelt habt. Ihr wart mal selten.

B *Tja, aber nun habt Ihr Menschen die Welt zugeschissen.*

MA Ich bitte Sie, eine solche Wortwahl doch nicht in diesem Buch.

B *Ist doch wahr. Heute gibt es dank Eurer Stoffeinträge, Nitrate und Pestizide, immer mehr Raum, der kein Raum für anderes Leben mehr ist. Dann komm ich. Nicht weil ich das mag, sondern weil ich das kann und andere weniger können. Wir sind da, wo Ihr nicht seid. Sagte ich schon mal.*

MA Und Euch geht's gut dort?

B *Na ja, wir machen unseren Job: Selbst auf vergifteten Böden hemmen wir Erosion, speichern Wasser, reinigen Luft, so gut wir können, gerne auf Dächern mit unseren Moos-Geschwistern. Und manchmal wachsen die tapfersten von uns an den Fensteransätzen Eurer schönen Autos, ja, das sind wir. Habe ich eigentlich schon gesagt, dass ich Waschanlagen hasse?*

MA Das mit dem Wegwaschen von Euch tut mir leid, war ohnehin Wasserverschwendung. Aber wollt Ihr uns ärgern, weil Ihr immer dorthin kommt, wo manche Menschen es nicht mögen?

B *Wir ärgern niemanden, Ihr ärgert Euch doch selbst genug. Wir helfen einfach, von Moos zu Tier: Wir Birnmoose geben gerade dort vielen Tierchen Lebensraum, wo wenig anderes zu finden ist. In uns wachsen Kleinsttiere heran, die wertvolle Nahrung für so manchen Stadtvogel sind. Wir opfern uns als Nestmaterial. In uns Birnmoosen leben gerne die Bärtierchen. Die und wir sind Widerständler! Klein gewinnt: Wir sind groß, wenn Ihr klein seid. Sagte ich schon mal.*

MA Respekt! Wie schafft Ihr das?

B *Ich verrate doch nicht alle Tricks. Also gut, einen: Wir Birnmoose haben im Unterschied zu den anderen Moosen auch eine kleine innere Wasserleitung, neben der großen Oberflächenaufnahme. »Myxohydrisch« heißt der Zauberspruch.*

MA Ich liebe Zauberei, vor allem solche, die sich als Realität erweist. Aber speziell Sie haben noch ein weiteres Geheimnis. Machen Sie mir bitte nichts vor, ich habe mich gut vorbereitet.

Silber-Birnmoos

B *Also gut. Als Silber-Birnmoos bilde ich bei Austrocknung aus den äußersten abgestorbenen und dann luftgefüllten Zellen eine isolierende Schicht. Das macht mich noch robuster gegen Trockenheit. Notfalls ruhe ich entspannt auf dem Sonnendeck und sehe durch diese lichtbrechende Zellschicht schön silbrig aus. Jetzt weißt Du auch, warum ich so heiße. Aber Feuchte mag auch ich lieber, dann halt ohne Silberglanz.*

MA Viele Menschen entfernen Euch. Wie geht Ihr damit um? Hat Eure Flexibilität nicht auch ein Ende?

B *Ach, wir sind Pioniere, weltweit verbreitet dank Austausch unserer Sporen und Eurer Verschleppung, über alle Eure seltsamen Grenzen hinweg. Über diese Dummheiten lachen wir nur. Wir bereiten den Boden vor für das, was nach uns kommt und nur durch uns nach uns kommen kann. Und wenn Ihr das entfernt, kommen wir einfach schnell zurück. Überall, wenn's genehm ist. Spore flieg. Und kein Ende. Alles wird immer wieder neu. Sagte ich schon mal.*

MA Jetzt, wo Sie es sagen, sehe ich Euch wirklich fast überall, wo ich zuvor gar nicht hinblickte. Dort auf dem Dach, am Rande der wilden Fläche. Und dort an der Ecke. Himmel, genau da erleichtert sich gerade ein Saufbruder. Das ist jetzt nicht schön. Und Ihr wachst trotzdem dort?

B *Ja, trotzdem. Wir sind stark, wenn Ihr schwach seid. Sagte ich schon mal.*

MA Könnten Sie auch in meinem Moosgarten wachsen? Es wäre mir eine große Ehre.

B *Ja, gerne. Dann würdigt mich endlich jemand. Ich brauche einen nicht ganz nährstoffarmen Untergrund. Ist eine gammelige Steinplatte in der Nähe? Ziegelreste, auf denen ich zärtlich wachsen darf? Oder nimm mich einfach mit auf einem Stein. Und unter uns: Wenn Du Dich mal erleichtern musst, ich bin für Dich da. Sagte ich das schon mal?*

MA Ich denke, das wird nicht nötig sein. Ich freu mich einfach auf Sie, sobald Sie es einrichten können. Sie kommen ja lieber von selbst. Respekt! Sagte ich schon mal.

Moos ist groß. Nicht durch seine Höhe, sondern aufgrund seiner ökologischen Funktionen, die uns allen mehr Leben schenken. Wer Moose sucht, findet Naturerfahrung. Wer Moose achtet, erkennt Wunder der Erde. Wer Moose schützt, beschützt sich selbst, grenzenlos verbunden mit der ganzen Welt. Denn Moose und ihre Sporen treiben um den Planeten. Grünes Leben findet seinen Weg.

Überall.

Michael Altmoos

Moos-Ausbringung

Leben frei lassen!

Sie haben Moos gesammelt oder gekauft oder denken daran. Jetzt stellt sich die Frage: Wie bringe ich es aus? Was muss ich vorbereiten und beachten, damit es gut wird?

Boden vorbereiten

Gerne empfehle ich, vorhandene Moosansätze nicht zu entfernen, sondern diese zu ergänzen. Am besten geht man schrittweise vor und vermeidet es, große Flächen auf einmal freizulegen.

Der nichtmoosige Aufwuchs wird entfernt und der Oberboden 10 – 20 cm tief abgetragen. Sie brauchen nicht mit dem Maßband nachzumessen. Manchmal nehme ich nur die alleroberste Streuschicht weg, manchmal nicht mal das, weil es vorhandenes Bodenleben schont. Sie können zwar auch tiefer graben, doch das zerstört zu viel. Ziel eines Bodenabtragens ist für mich ein Kompromiss, vorhandene Samen, Kräuter und konkurrenzstarke Wurzeln zwar halbwegs zu entfernen oder mit Moos abzudecken, dabei aber nicht alle Samen und Mikrolebewesen zu zerstören. Es geht darum, eine gute Bodenhaftstruktur zur Bemoosung anzubieten, die zum Standort passt.

So ist es teilweise sogar sinnvoll, an einzelnen Stellen gar keinen Boden abzutragen und das Moos einfach auf den gejäteten Oberboden aufzusetzen. Sicher müssen Sie Krautaufwuchs dann häufiger wegzupfen, haben aber Teile einer intakten Bodenwelt erhalten. Moos ist außerdem von alleine langfristig durchsetzungsfähig, wenn der Platz geeignet ist. Moos und Boden werden bald eine neue Verbindung eingehen. Ich gehe meist schrittweise und oft mosaikartig vor und habe damit beste Erfahrungen gemacht: auf ein paar Quadratmetern den Boden wie angeführt abräumen, mal tiefer graben, mal flacher – und andere Quadratmeter einfach nicht, außer den Aufwuchs herausziehen. So entsteht nicht nur ein naturnahes Mosaik mit sanften Bodenwellen, welche die Harmonie eines Moosgartens unterstützen, sondern Sie testen und vergleichen auch die unterschiedlichen Möglichkeiten und Ergebnisse für Ihren Standort. Normalerweise wird es also nicht nötig sein, sich zu quälen und den Boden zu »sauber« vorzubereiten, wie in manchen Internet-Tutorials und anderen Büchern (s. S. 197) genannt. Von jeder Art Herbizidbehandlung des Bodens rate ich ab.

Bild links: Bei Makro-Betrachtung wirken die Sporophyten der Moose wie eine surreale Wald-Landschaft. Und doch ist das einfach schöne Realität, ganz nahe bei Ihnen.

Moose ausbringen

Auf diese »Rohboden«-Fläche können Sie nun die Moospolster, Matten oder Moosteile einbringen, also »ansalben«. Das Prinzip ist einfach: Die Moosstücke mit ihrem möglichst noch vorhandenen Muttersubstrat auf den Boden aufsetzen und andrücken, keinesfalls nur locker. In den ersten Tagen bitte immer wieder sanft drücken, um enge Bodenhaftung zu unterstützen.

Die höchsten Erfolgschancen bestehen, wenn Sie die Moose dicht an dicht setzen. So schützen und stützen sie sich gegenseitig, nur wenige Wildkräuter können anfangs durchdringen. Steine, Holzstrukturen oder Äste lassen sich einbinden, die weiter zur Stützung, als Haftsubstrat, Mikrolebensraum und der ästhetischen Aufwertung dienen. Dass dieses lückenlose Prinzip auch mal durchbrochen werden kann, erläutere ich später (s. S. 132), so ist es aber gerade für Anfänger am einfachsten.

Wenn es nicht ohnehin regnet, sollten Sie am Anfang mit Regenwasser gießen. Mehr aber braucht es nicht: Abwarten und Tee trinken, gerne in der japanischen Moosgarten-Teegarten-Tradition. Weil dieses Buch aber vielschichtig sein will und nicht jeder einfach nur andrücken und abwarten möchte, empfehle ich doch noch einige Differenzierungen, die den Erfolg erhöhen oder spannende Variationen ermöglichen.

Die (Schein-)Wissenschaft vom Substratunterbau

Die wenigen bestehenden Moosbücher (s. S. 197) und Internet-Hinweise empfehlen oft ein tieferes Abgraben des Oberbodens und das Einbringen bestimmter Substrate, die Moos unterstützen oder besonders gut wasserspeichernd sein sollen. Das kann man durchaus machen. Ich rate davon aber ab und empfehle, nur die (unperfekt) abgeschobene Bodenfläche vor Ort zu nutzen, ganz ohne Substratunterbau: weil sich das Moos standortgerecht selbst versorgen wird, wenn es dorthin passt, weil Sie unnötige Kosten sparen und weil der vorhandene Standort nicht künstlich verändert werden sollte, so mein naturnaher Ansatz. Das wenige Substrat, das Sie hoffentlich mit dem Moos an der Entnahmestelle »moosbehaftet« mitgebracht haben und beim Einsetzen unters Moos geben, reicht als Haftmaterial und »Mutter«-Verbindung völlig aus. Dennoch werfe ich einen Blick darauf, was die Alternativen wären:

Der Mooswissenschaftler Frahm empfiehlt als Unterlage eine bis zu 20 cm tiefe Schicht aus Sand oder Lavagrus unter Beimischung von Torf. Annie Martin beschreibt in ihrem Buch »The magical world of moss gardening« mehrere ähnliche Unterbauvarianten. Wolfang Hess empfiehlt für japanische Moosgärten auch mal eine undurchdringliche Auflage aus Beton, durch die von unten gar keine anderen Pflanzen mehr dringen, während das bei manchen Vliesen noch der Fall sein kann. Beton dichtet nicht nur ab, sondern erhält die vorgenommene Geländemodellierung. Darauf bringt er eine Torfschicht auf, in die Wasser versickert und gespeichert wird. In der Tat werden damit schöne Moosgärten möglich.

Im Internet kursieren auch Vorschläge, (Plastik-)Folie auf den Boden zu legen, etwas Substrat aufzufüllen und darauf Moos auszubreiten. Damit würden Wasserstau zum Vorteil von Moos und Ausschluss von Konkurrenz gefördert. Sicher funktioniert all das. Aber ist es naturnah? Sicher nicht.

Schwerwiegender Nachteil bei allem neu eingebrachten Unterbau ist, dass der Kontakt zur vorhandenen Bodenwelt, der guten »Unterwelt«, verloren geht und ein Lebensraum Moosgarten zunächst nicht richtig funktionieren kann. Zwar entsteht immer wieder neues Bodenleben, aber ein Sinn des naturnahen Moosgartens ist für mich eben auch, natürliche (Klein-)Lebensräume des Standortes zu fördern. Fremdsubstrate leiten eine andere standortuntypische Kleintierlebewelt ein. Diese Nachteile überwiegen für mich den Vorteil, dass ein Unterbau vielleicht noch besser für Haftbarkeit und Wasserhaushalt von Moosen ist.

Mit meiner Methode ist zwar eine leichte Ver(un)krautung der Moosfläche möglich, diese ist aber einfach in den Griff zu bekommen (s. S. 143) und ermöglicht sogar attraktive Pflanzenkombinationen, die sonst nicht entstehen können. Ein Unterbaugemisch mit Torf zerstört Moor und Moos an anderer Stelle, was für mich gar nicht geht. Und Torfersatzsubstrate wie Blumenerde aus Kompost enthalten häufig Pflanzensamen, sodass ein Effekt wider eine Verkrautung ohnehin obsolet wäre.

Keine Regel aber ohne Ausnahme: Wer an einem schwierigen Standort unbedingt Moos setzen möchte, für den bieten torffreie Substrat- und Unterbauansätze und dazu vielleicht auch fertige Moosmatten gute Dienste. Auf Hausdächern ist eine Abdichtung nach unten Pflicht, dann oft mit spezieller Folie.

Bewässern nach der Ausbringung

Moose vertragen bekanntlich Trockenheit. Fällt aber ausgerechnet das Einbringen von Moosen in eine lange Trockenperiode, ist es vorteilhaft, das neue Moos öfter mit Regenwasser zu gießen. So bleibt oder wird es in den ersten Tagen lebendig und stoffwechselaktiv gehalten, was sein Anwachsen unterstützt. (Das Pflegewässern ist ein eigenes Thema, s. S. 139.) Daher arbeite ich am liebsten bei leichtem Nieselregen oder Feuchteperioden – ein sinnliches Erlebnis: Moos grünt ringsum, und als durchaus viel beschäftigter Mensch, der sich nicht unnötig Arbeit machen will, spare ich mir das Gießen.

Ich heiße Moos und bin gar keines! *Moos-Wissen-Blickpunkt 12*

- **Moostierchen** *(Bryozoa)* sind mikroskopisch kleine und fast korallenartige Tiere in Meeren und Süßgewässern. Ernst Haeckel würdigte sie in seinen berühmten »Kunstformen der Natur«. Ihr Aussehen erinnert an manche Moospflänzchen, daher der Name. Gemeinsamkeiten mit Moosen sind ihre Fähigkeit, sich sowohl ungeschlechtlich als auch geschlechtlich fortpflanzen zu können, die Eigenart, dass sie Kolonien bilden können und es erdgeschichtlich sehr alte Lebensformen sind. Ansonsten gibt keine Gemeinsamkeiten: Moostierchen sind besondere Tiere, Moose besondere Pflanzen.
- **Isländisch Moos** *(Cetraria islandica)* ist eine Flechte, die zur Gruppe der Strauchflechten zählt. Verwandtschaftlich haben Flechten nichts mit Moosen zu tun: Flechten sind Symbiosen aus Algen und mehreren Pilzarten. Dennoch sympathisiert Isländisch Moos wohl mit Moosen: Denn es wächst neben diesen am Boden. Auch in Moosgärten ist diese Flechte gestalterisch einsetzbar.
- **Spanisch Moos** *(Tillandsia usneoides)* ist eine Blütenpflanze, die an Bartflechten erinnert, aber zu den Bromeliengewächsen zählt. Ihre Heimat sind die amerikanischen (Sub-)Tropen. Mit Moosen hat sie nur gemeinsam, dass sie sich aus dem Regen ernährt und keine Wurzeln hat.
- **Irländisch Moos** *(Chondrus crispus)* ist eine schöne Rotalge, die an nordatlantischen Küsten, in Nordsee und Ostsee vorkommt, also im Meer, wo es gar keine Moose gibt. Diese Alge wird auch als Knorpeltang angesprochen.
- **Eichenmoos** *(Evernia prunastri)*, im Französischen »mousse de chêne«, ist eine Flechte, die an Bäumen mit eher saurer und tiefer Borke, besonders Eichen, wächst. Sie ist ein Grundstoff für viele Parfüms, Duftwässer und Rasierwässer, die dann meist eine grünliche Farbe haben.
- **»Irisch Moos«** ist ein Markenname für Rasierwasser und Parfüms. Mit Moos hat das nichts zu tun. Der Begriff »Moos« soll hier gemeinsam mit Irland, wo es auch viele Moose gibt, ein gutes Image transportieren.
- **Sternmoos** *(Sagina subulata)* ist eine moosähnlich aussehende, schöne, immergrüne Pflanze, ein Mastkraut, das moosartige Rasen bildet, als Samenpflanze aber systematisch weit entfernt von Moosen ist. Manche Gärtnereien bieten sie als »Moospflanze« oder Moosersatz an. Das ist sie aber nicht! Für einen Moosgarten empfehle ich nur echte Moose.

Schön sind sie alle. Moose sind sie nicht. Das ist anders bei folgender (Fehl-)Benennung: Als »Sternmoos« oder »Sternchenmoos« werden im Volksmund auch mehrere echte Moosarten bezeichnet, weil sie von oben wie Sternchen aussehen. Um Verwechslungen zu vermeiden, wird in diesem Buch das sonst schöne Wort »Sternmoos« nicht verwendet.

Bitte Bodenhaftung!

Als eine Variante beim Ausbringen von Moospolstern habe ich gute Erfahrungen damit gemacht, den freigelegten Boden vor dem Aufbringen des neuen Mooses gut zu wässern, mindestens anzufeuchten, vielleicht sogar anzumatschen oder regelrecht anzuschlämmen. Dann haftet das Moos in der sensiblen ersten Zeit besser. Zudem kann durch Kapillarwirkung etwas Wasser von unten am Moos aufsteigen (äußere Wasserleitung) und das Moos gleich am neuen Standort noch mehr zum Stoffwechsel anregen.

Alles Wässern oder Schlämmen des Bodens ist dem Hauptziel untergeordnet, engsten Kontakt von Moos mit dem Untergrund herzustellen. Ein zusätzlicher Trick neben dem Wässern ist dabei, den freien Boden vor dem Moosaufsetzen etwas anzurauen, damit sich die Krümelstruktur mit der Unterseite des neuen Mooses besser verhaftet.

Eine Dauerbefeuchtung ist nicht nötig, für viele heimische Laubmoose, die an ihrem Naturstandort auch mal austrocknen, teilweise sogar schädlich, weil dann auch andere Pflanzen und Pilze konkurrenzfähiger werden können.

Betreten erwünscht!

Selbst wenn alles beachtet wird, kann es sein, dass sich das neue Moos mal löst, gerade nach Trockenphasen. Es dauert einfach, bis man neu verhaftet ist. Wer kennt das nicht nach einem Umzug. Doch dafür gibt es einen weiteren Trick:

Gerade in den ersten Tagen bis Wochen und besonders beim ersten Regen nach Trockenphasen ist es hilfreich, sanft über die neue Moosfläche zu laufen. Es muss ja nicht gleich eine ganze Horde sein, obgleich Moose robust sind. Damit wird das Moos immer wieder an den Untergrund gedrückt. Ich empfehle gern, dies barfuß zu tun. Denn das ist eine der schönsten sinnlichen Erfahrungen. Sanfter kann Moos nicht angedrückt werden, schöner können Füße kaum gestreichelt werden.

Futsch durch Rutsch?

Bei Hanglagen müssen Sie verhindern, dass frisch eingebrachtes und noch nicht fest verwachsenes Moos abrutscht, sich loslöst und damit abstirbt. Dafür können quer zum Hang Steine oder Äste gelegt werden. Entweder sind diese schon mit Moos bewachsen oder sie werden innerhalb kurzer Zeit von selbst von ihm besiedelt und fügen sich mittelfristig harmonisch ein.

Moossteine und Naturholz

Auch Steine oder kleine Felsen, bemoost und noch mooslos, gesammelt in der Umgebung, können Sie in den Garten einbringen. Zwischen den Moospolstern dienen sie als schöne Struktur und sind verstärkende Stütze. Der Vorteil für den Moosfreund ist, dass sich auf ihnen seltenere Moose, die sich nicht sammeln lassen, aus den Sporen der Luft ansiedeln können. Gleiches gilt für Naturhölzer, Äste, Wurzelteller, Stubben oder Stämme, die einen Moosgarten stützen und den Platz zugleich weitergestalten.

Von Baum zu Baum, von Mauer zu Mauer

Epiphytische Moose von Baum zu Baum umzusetzen, ist schwierig, weil sich die Moose nicht einfach entnehmen lassen, ohne dem Ausgangsbaum zu schaden, zum anderen können Sie am Zielbaum nicht mit »Klebstoff« arbeiten. Viel besser ist es, Moose auf solchen Strukturen mit der Zeit wachsen zu lassen: Über die Luft sind so viele Sporen unterwegs, dass jeder Baum und jeder Stein von selbst seine eigene Moosflora entwickelt, meist mit Flechten gleichermaßen.

Wer dennoch spielen möchte, kann von der Rindenoberfläche bemooster Bäume kleine Stücke Borke mit Moos entnehmen (nur die äußerste Schicht, sodass der Baum nicht geschädigt wird). Dann, so gut es geht, an den Baum im Moosgarten anklemmen – natürlich ohne Kleber! Das Moos hat eine Chance, auf den Baum überzuwechseln, wenn es passt. Analog gilt das für Mauern oder Steine: von bemooster Mauer einen kleinen Stein oder Splitter mit Moos entnehmen und in die zu bemoosende Mauer einbringen. Die Gesteinsarten der Mauern müssen ähnlich sein und die Ausgangsmauer darf nicht geschädigt werden. Poröse Mauern bemoosen sich schneller, weil Moos dort bessere Haftbedingungen als an glatten Wänden hat. Auch auf regelmäßig beregneten Mauern fühlen sich viele Moose schneller wohl. Hat Ihre Mauer eine überstehende Regenschutzkrone, montieren Sie diese doch ab und geben Sie Moosen eine Chance. Wollen Sie eine schattige Wand moosfreundlicher machen, versuchen Sie es mit Anrauen der Oberfläche. Moos will kommen!

Mut zur Lücke!

Nachdem ich zunächst empfohlen habe, neues Moos lückenlos zu den Seiten hin und auch nach unten fest in Kontakt mit Boden oder Steinen und anderem Moos treten zu lassen (s. S. 128), kann es für Experimentierfreudige auch mal sinnvoll sein, kleine Lücken zu lassen, in die Moos hineinwächst, oder einer ergänzenden Selbstbemoosung Raum zu geben. Das unterstützt eine natürliche Dynamik, die den Moosgarten noch lebendiger macht (s. ab S. 167).

Letztlich ist es eine Frage des Geschmacks, wie viele Vorgaben es in Form geschlossener Moosrasen und wie viele (kleine) Lücken es zur Eigenentwicklung gibt. Natürlich sollten die Lücken nicht allzu groß sein, sodass der ästhetische Genuss eines (scheinbar) zusammenhängenden Moosgartens nicht erheblich gestört wird. Gegebenenfalls müssen Sie in den Lücken einige Zeit lang häufiger unerwünschten Aufwuchs beseitigen, aber gute Überraschungen können kann das sehr belohnen.

Fehleranalyse

Nicht jedes neue Moospolster wächst sofort gut an. Ein häufiger Fehler ist eine mangelnde Haftung am Boden durch zu wenig wiederholten Druck. Oder schon beim Sammeln wurde das Moos mit zu wenig oder ohne Muttersubstrat entnommen oder zu stark verletzt. Versuchen Sie, diese Fehler zu vermeiden.

Allerdings ist ein Moosgarten nichts für Perfektionisten. So weiß auch ich nicht immer, warum das eine Polster anwächst, das andere nicht. Meiner Erfahrung nach klappt das Anwachsen bei etwa 80 Prozent aller Moospolster. Wer mehr schafft, hat Glück gehabt. Ansonsten ist mit etwas Verlust zu rechnen. Der Abgang fällt kaum auf, weil sich die Moosfläche ausgehend von den erfolgreich wachsenden neuen Polstern bald schließen wird. Nicht zuletzt erlebe ich immer wieder schöne Überraschungen, wenn sich ein tot geglaubtes Moospolster nach einiger Zeit doch wieder regeneriert. Da ist sie wieder: die berühmte Robustheit mancher Moose.

Varianten zum Ausprobieren

Variante: Moosimpfung

Eine Variante zwischen Selbstbemoosung und lückenlosem Umsetzen ganzer Moospolster ist die »lückige Impfung«. Angelehnt an das Pionierwerk von Frahm »Mit Moosen begrünen«, variiert nach eigener Erfahrung, gestaltet sich das so:

Auf den vorbereiteten Boden werden nur kleine Moosstücke, Fragmente und Polster (Durchmesser 5–30 cm) im Abstand von 10–30 cm angedrückt. Wer Freude daran hat, kann ein regelmäßiges Mosaik aus Moospolstern und offenen Stellen gestalten, es darf aber auch unregelmäßig sein. Oder Sie legen ein Moosbruchstück-Domino oder ein Labyrinth – eine schöne Aufgabe, und mit dem folgenden Mooswachstum verändert es sich weiter: Zunächst entscheiden Sie das Muster, dann das Moos als Spielpartner. Bald wird es sich in die Lücken ausbreiten und einen dichten Teppich bilden, oft schon nach zwei bis drei Monaten. Tun Sie das an frostfreien und schneefreien Tagen im Winterhalbjahr, wachsen keine anderen Pflanzen und das Moos wird seinen Konkurrenzvorteil nutzen.

Mit dieser Methode können Sie mit weniger Material mehr Moosfläche gewinnen, bringen aber schon welches ein, das die Richtung bestimmt. Zugleich simuliert das die Moos-Natur und den beschriebenen dynamischen Lückeneffekt: In der Natur ist eine Vermehrung über Bruchstücke und seitlich aus ihnen häufig und wichtig. Schließlich kommt es oft vor, dass Tiere Moos zertreten, es vielleicht im Fell oder in den Hufen weitertragen, und dass Moos an neuer Stelle anwächst. Nachteil, mit dem man aber leben kann: Ihr Moosgarten ist nicht so schnell grün, als wenn Sie lückenlos Moos verlegen.

Variante: Moos pulverisiert

Manche Moosarten vertragen es, zerkleinert, fast pulverisiert zu werden und in dieser polsterlosen Form auf Flächen ausgebracht zu werden. Damit lässt sich aus noch weniger Moos mehr Fläche »beimpfen«. Diese ist dann gleichaltrig und relativ einheitlich. Meiner Erfahrung nach ist ein Erfolg nicht garantiert und die Gleichaltrigkeit wirkt auf mich oft zu eintönig. Wer es aber probieren möchte, gehe vor wie folgt:

Moospflanzen sammeln, gegebenenfalls in der Hand bündeln und mit Messer oder Schere in etwa 1 cm lange Schnipsel schneiden. Sind die Moose trocken, kann man sie auch in den Händen zerreiben. Die Bruchstücke und das grobe »Moospulver« werden ausgestreut und leicht an den vorbereiteten Boden angedrückt. 10 bis 20 Prozent der Fläche sollte von »Moospulver« und Fragmenten bedeckt sein.

Dem entsprechen in der Natur die Verdriftung und Vermehrung über kleinste Stücke und Brutkörper als vielzellige Gebilde mit Reservestoffen. In Trockenperioden und ohne Wässerung ist diese Methode allerdings besonders unzuverlässig, weil die kleinen Fragmente im Gegensatz zu größeren und ganzen Moospolstern ungeschützter sind, nicht nur austrocknen, sondern mittelfristig sterben können. Regenerationsfähigkeit hat auch bei Moosen ihre Grenzen. Es gilt dann, die Fläche feucht zu halten, bis ein Aufwuchs erfolgreich ist.

Hierfür geeignete Moosarten sind bodenlebende Schlafmoose, Weißmoose, *Bryum*-Arten und ähnliche Wuchsformen, man kann es auch mit weiteren Arten ausprobieren. Mit *Polytrichum*-Arten hatte ich bisher nur wenig Erfolg, möchte sie aber nicht ausschließen.

Bild links oben: Eine frisch angelegte Moosfläche: gesammeltes Moos, dicht an dicht an den Boden angedrückt und mit geeigneten Natur-Strukturen angereichert, die auch Stützfunktion haben.

unten: Moose in Ritzen können schöne Muster bilden.

Tipp: Vertiefungen in Steine ritzen, in denen sich Feuchtigkeit sammeln kann – und warten!

Wenn Moos Mauern, Steine und Felsen betupft, wächst neues Leben in Schönheit.

Moos einfach kommen lassen!

Wer weniger arbeiten will, sollte innehalten. Schließlich gibt es die Möglichkeit der Selbstbemoosung von Flächen (s. S. 90). In meinem Moosgarten war eine 25-Quadratmeter-Testfläche nach einem Jahr durchgehend und robust bemoost. Besser hätte ich es kaum selbst gestalten können. Sie schonen Ihren Körper, haben für Ihren Standort angepasstes Moos und betonen Naturentwicklung. Außerdem macht Beobachten Spaß. Nicht zuletzt erhalten Sie eine Ahnung, wie viele Sporen von Moos immerzu in der Luft sind und zumeist geeignete Stellen finden. Allerdings entscheiden dabei nicht Sie, welches Moos kommt. Garantien vergibt der Moosgott keine.

Ein tolerantes Management und eine Kombination aus (fast) allem können hier der goldene Weg sein. Dabei bin ich Beobachter und Entwickler zugleich: So fördere ich Selbstbemoosung auf manchen Bodenstellen, Hölzern und Steinen – und bringe immer mal neue Naturstrukturen ein. Anderes entnehme ich. Relativ große Moospolster derselben Art bringe ich aktiv ein, um in Teilbereichen ein geschlossenes Grün zu erreichen. Auf anderen Boden setze ich oft nur verschiedene Moosstücke und beobachte. So gehe ich sanft und organisch mit dem Moosgarten um, was ich als sehr angenehm empfinde und mir schöne Ergebnisse beschert. Ein Spiel mit Moos. Spielen Sie mit?

Bild rechts: *Eurhynchium striatum* im lichtdurchfluteten Frühlingswald. Ist Waldboden länger mit Laub und Krautaufwuchs überdeckt, wachsen Moose vor allem auf Felsen oder Baumstümpfen: So kann sich Moos auch über manche Tiefen der Welt erheben.

Für Tüftler: Moos-Sporen säen?

Tatgeber 11

Wie wäre es – einfach Sporen zu ernten, diese selbst zu säen und Moospflanzen anzuziehen? Vielleicht hatten Sie diesen Gedanke beim Lesen über die Fortpflanzung der Moose (s. S. 45). So interessant diese Überlegung ist, so schwierig gestaltet sich die Umsetzung. Wenn Sie es aber probieren möchten:

Im Freiland einige Sporenkapseln abschneiden. Zu Hause auf einem weißen Teller zerdrücken. Weiß deshalb, weil Sie die dunklen Sporen dann besser erkennen. Mit einem feinen Pinsel das Sporenmaterial auf ein mageres, leicht saures Substrat aufbringen, das Sie in einer Schale vorbereitet haben, zum Beispiel Sand, Braunerde, gekaufte Bonsaierde. Von Torferde rate ich aus Naturschutzgründen ab, Blumenerde enthält zu viele fremde Samen. Substrat feucht halten, am halbschattigen Fensterplatz aufstellen und mit einer Glashaube etwas abdecken, um Feuchte zu halten, Luft aber zirkulieren zu lassen. Mit Glück haben Sie bald eine kleine Moosanzucht.

Dieser Ansatz ist aufwendig und nur kleinstflächig anwendbar. Er erfordert weitreichende Kenntnisse über die Moosarten, und die erfolgreiche Keimung ist von unterschiedlichsten Faktoren abhängig, ein Weg in teils noch Unbekanntes. Es ist sehr viel einfacher, die anderen von mir vorgeschlagenen Wege zu gehen. Manche Gartenbaufirmen arbeiten aber wohl an Lösungen.

Es ist aber offenbar nie
eine Pflanzengruppe in direkte
Konkurrenz mit den Moosen getreten.
Moose waren konkurrenzlos.
Jan-Peter Frahm,
Moose. Eine Einführung

Moos-Pflege

Managen mit Naturdynamik

Ein guter naturnaher Moosgarten mit heimischen Arten braucht kaum Pflege, weil Moos von selbst dominiert und andere Kräuter verdrängt, wenn es am richtigen Standort ist. Aber natürlich sollten die Moose optisch deutlich hervortreten, sonst wäre es kein Moosgarten. Was ist dafür zu tun?

Pflege: Das MUSS – oder MUSS nicht?

Immer wieder werde ich gefragt, wie der Moosgarten in Ordnung gehalten werden kann. Und immer wieder bin ich erstaunt, wie wichtig strenge Kontrolle und saubere Ordnung für viele Menschen sind. Wenn ich dann lächelnd und zugegebenermaßen etwas provokant, weil zum Mitdenken anregend, antworte, dass Moose und Natur gar keine Ordnung brauchen, sondern gut in Anarchie leben, sah ich schon so manche Gesichtszüge entgleiten. Wer dazu tiefer nachdenken möchte, darf sich auf das Naturschutzkapitel ab S. 167 freuen. Für alle sei aber einladend gesagt, dass man Moosgärten durchaus managen kann, je nach Platz und Ziel auch sollte.

Ein jeder Moosgärtner muss aber zuvor wissen, was er bei sich erreichen will, welche Pflegemöglichkeiten es gibt und wie man es naturkonform macht. Nicht zuletzt wird sich herausstellen, ob es der richtige Platz für Moose ist. Denn Moos stimmt sozusagen mit seinen Polstern ab, indem es einem viel Arbeit aufhalst – oder wenig bis gar keine und dennoch moosschön bleibt. Dann muss man entweder immer wieder ran – oder weicht auf einen besseren Standort aus: Wer ist so flexibel wie Moos?

Wässern – (k)eine Glaubensfrage!

Beim Einbringen von Moosen habe ich Angießen und Wässern empfohlen, besonders wenn das Moos in einer Trockenzeit angesetzt wird oder eine Selbstbemoosung auf der Fläche unterstützt werden soll (s. S. 129). Für eine Pflege auf Dauer muss man aber weiterdenken: Die heimischen Moose sind daran angepasst, zeitweise und oft wochenlang ausgetrocknet zu sein, sodass dauerhaftes Wässern nicht nötig ist. Es hilft aber der Ästhetik, wenn man frisches Moosgrün liebt.

Bild links: Das Moos *Dicranum scoparium* ist bei genauem Blick ein bezaubernder Blickfang auf Waldböden und für Moosgärten. Mit Fantasie lassen sich Miniaturlandschaften erträumen.

Genießen statt Gießen: Wässern der Moose zusammengefasst *Tatgeber 12*

Im Moosgarten hilft es dem eingebrachten Moos am Anfang beim Anwachsen, wenn es im ersten Monat – grober Zeitrahmen – gegossen wird. Danach ist eine Bewässerung nicht notwendig. Zwar trocknet Moos auch mal aus, ändert seine Farbe und verkümmert. Aber standortgerechtes Moos ist an längere Phasen der Trockenheit angepasst, um beim nächsten Regen wieder »aufzuwachen«. Diese Fähigkeit hilft beim Konkurrenzausschluss, während eine Dauerfeuchte je nach Standort unerwünschten Krautaufwuchs und Verpilzung fördert. Wird gegossen, sollte nur Niederschlagswasser verwendet werden. Leitungswasser ist in vielen Regionen zu kalkhaltig.

Auch am vertrockneten Moos erfreue ich mich, dann an seinen oft skurril anmutenden Miniaturstrukturen. Umso schöner ist es aber, wenn nach einem Regen oder einer Nebelnacht wie von Zauberhand alles so unglaublich schnell und frisch ergrünt. Dieses kleine Schauspiel erlebt nur, wer auch mal Trockenheit aushält. Natur besteht aus solchen Kontrasten, die dynamisch ineinander übergehen. Auch diese grundlegende ökologische Erkenntnis zeigt uns das Moos.

Wichtig ist, wenn man denn wässert, Regenwasser zu nehmen, weil dies den optimalen (leicht sauren) pH-Wert für die meisten heimischen Moose hat, während Leitungswasser in vielen Regionen zu kalkreich oder gar gechlort ist. Weil Moose Wasser über ihre Oberfläche aufnehmen, können Sie es einfach von oben regnen lassen und müssen nicht wie bei anderen Pflanzen an die Basis der Pflanzen herangehen. Gießt man mit kalkreichem Wasser, scheiden Moose beim Verdunsten des Wassers Kalksalze aus, die sich an der Moosspitze absetzen. Das ist nicht gut für Moose, wobei es von wenigen Malen sicher nicht eingehen wird. Außerdem sollte der gute Gärtner nicht in der prallen Sonne gießen, denn auch Moose können »Sonnenbrand« bekommen.

Herbstzeit – Laub weg!

»Laub weg«!? Diesen Ausruf kennen alle, die in Gärten oder Parks arbeiten. In der freien Natur kommt keiner auf die Idee, Falllaub zu entfernen, weil es wichtig, ja systemrelevant im Stoffkreislauf der Natur und für die Bodenwelt ist. Wo sich im natürlichen Buchenwald regelmäßig Laubschichten türmen, wächst naturgemäß kaum ein Moos. Die meisten Moose wachsen dort, wo Laub nicht übermäßig liegt. Es gibt aber manche Moosarten, die über die Laubschicht wachsen können (»Etagen-Moose« wie *Thuidium,* s. S. 114), oder sie halten einiges an Laubbedeckung aus, bevor sie zersetzt wird. Andere Moose vertragen keine dauerhafte Falllaubbedeckung, halten sie aber kurzzeitig aus.

Mit Moosen das Gießwasser verbessern *Tatgeber 13*

»Weiches« Wasser (schwach sauer wie Regenwasser) eignet sich für die meisten Gartenpflanzen besser als »hartes« Wasser – das gilt auch für Moose. Und mit Moosen kann man das Leitungswasser gut enthärten: Eine Handvoll zerriebenes Moos in eine kleine Gießkanne mit Wasser geben (etwa 1 Liter). Oft schon nach etwa 10 Minuten sind diesem Wasser seine Härtebildner entzogen. Kalzium und Kalium des Leitungswassers werden an der Oberfläche der Moose gebunden und gegen Wasserstoffionen getauscht, die beim Nährstoffwechsel, das heißt Wasserkontakt, an der Moosoberfläche abgegeben werden. Der pH-Wert des Wassers sinkt damit um etwa 2 Werte, zum Beispiel von 7,3 (kalkreiches Leitungswasser, 24 Grad deutscher Härte) auf 5,3 (Regenwasser). Dasselbe Moos kann mehrfach verwendet werden. Es funktioniert zuverlässig für den Eigengebrauch im Kleinformat (Gießkannen).

In einem Moosgarten ist es demnach doch wichtig, mittelfristig die Blätter vom Moos zu entfernen, damit das Moos besser Fotosynthese machen und dominieren kann. Sofort und wöchentlich nötig ist das aber nicht.

Um Zeit und Arbeit zu sparen, empfehle ich, mit der Laubabräumung zu warten, bis alles Laub unten ist, und das dann in einem einzigen Arbeitsgang vorsichtig mit Harke oder Hand größtenteils zusammenzuklauben. Der Arbeitsaufwand ist auf diese Weise gering. Die vier bis sechs Wochen bis zum Ende des Laubfalles erträgt jedes Moos schon mal eine Bedeckung.

Wichtig ist Gelassenheit: Die Moosfläche sollte bitte nicht rein sein. Ein paar Blätter im Moos müssen belassen werden und sie sind außerdem wunderschön, wie Fotografen immer wieder finden. Die Blätter helfen maßgeblich der Kleintierwelt und stellen nach Zersetzung natürliches Nährstoffmaterial bereit, das teils auch wieder vom Moos über dessen Oberfläche aufgenommen wird. Das ist übrigens – genauso wie der gelassene Umgang mit (Un-)Kräutern und Tiereinflüssen – ein wesentlicher Unterschied zu manchen sehr streng interpretierten, »besenreinen« japanischen Moosgärten.

Mein Faustwert ist, dass Moos nach der Blattfallzeit im Winter (etwa ab Dezember) zu mindestens zwei Drittel wieder frei liegen sollte, damit das Grün obsiegt. Kurz danach leuchtet ein Moosgarten übrigens am intensivsten grün, weil es unter dem Laub feucht war und der Kontrast zum graubraunen Winter nun umso schöner ist.

Dass ein Laubsauger tabu ist, versteht sich von selbst. Denken Sie nur an die erwähnten tüchtigen Springschwänze und süßen Bärtierchen. Flutsch futsch? Nein danke! Auch den manchmal zu lesenden »Trick«, den Moosgarten im Herbst mit einem Netz abzudecken und dieses dann samt Laub zu entfernen, lehne ich ab: Vögel können sich auf der Suche nach Nahrung darin verheddern und qualvoll sterben.

Laub wegräumen? Ja, aber nicht alles. Wenige Blätter sollten als Nahrung für Kleintiere im Moos verbleiben. Außerdem sieht es gut aus: die »Vereinigten Farben des Herbstes« mit dem Moos *Polytrichum formosum*.

Auch ich wollte in meinem ersten Moosgärtnerjahr vermeintlich so schlau sein und ein Netz vor dem Laubfall auslegen. Prompt habe mich selbst darin verfangen. Meine Frau lacht noch heute, wenn sie daran denkt, wie sie mich genüsslich befreit hat. »Ach, wie ungeschickt ist der denn, das passiert doch mir nicht«, werden manche sagen. Aber auch andere Tiere außer mir sind nicht immer geschickt, vor allem wenn sie so etwas wie Netze nicht kennen. Nach diesem Erlebnis fühle ich erst recht mit den Vögeln. Aus anderen Gründen schlecht sind Planen auf dem Moos: Denn sie beeinträchtigen dessen Vitalität mehr als Laub.

Bewährt hat sich zum Laubabsammeln eine handelsübliche Harke oder ein Rechen, der vorsichtig und sanft über das Moos gezogen wird. Wer den Moosprofis aus Japan nacheifern möchte, verwende einen Reisigbesen. Eine Alternative und noch sportlicher ist das Aufsammeln per Hand. Das Betreten der Moosfläche ist dabei kein Problem. Ich kombiniere all das: im ersten Schritt mit der Harke sanft das meiste runterziehen, dann verbliebene Laubansammlungen händisch aufsammeln, wobei das die Gelegenheit ist, Lücken zu stopfen oder versehentlich herausgezogenes Moos wieder anzudrücken. Die Blätter, die ich in diesem Durchgang nicht bekomme, sind die, die liegen bleiben. Im nächsten Frühjahr ist davon kaum noch etwas übrig, nur das Moos.

Herbstlaub zusammengerecht! *Tatgeber 14*

Mach es gut!

Gegen Ende des Laubfalles das Moos sanft mit Harke, Rechen oder Händen absammeln. Nach dem nahezu vollständigen Ende des Laubfalles sollte etwa drei Viertel der Moosfläche frei liegen. Vereinzeltes Restlaub unbedingt belassen: Lebensraumfunktion!

Mach es nicht!

- Keine Netze auf das Moos! Darin können sich Tiere und besonders Vögel, die im Moos oder Laub nach Nahrung suchen, verheddern, verletzen oder gar sterben.
- Keine Folien und Planen auf das Moos! Das Mikroklima, das sich darunter bildet, beeinträchtigt die Lebensgemeinschaft im Moos.
- Keine Laubsauger! Denn Lärm steht der Ruhe des Moosgartens entgegen. Vor allem vernichten Laubsauger viele Kleinstlebewesen, die zum Lebensraum gehören.

(Un-)Krautjäten im Moos!?

»Unkraut nennt man Pflanzen, deren Vorzüge noch nicht erkannt worden sind«, schrieb schon im 19. Jahrhundert der amerikanische Naturphilosoph Ralph Waldo Emerson. Als Ökologe stimme ich ihm aus vollstem Herzen zu.

Dennoch sollte Moos im Moosgarten dominieren und deshalb mag es von Zeit zu Zeit nötig sein, anderen Aufwuchs wie Gräser, Kräuter, Blütenpflanzen, Farne und Sträucher zu entfernen oder zurückzudrängen. Ob viel anfällt, hängt von der Bodenvorbereitung und der Platzwahl ab. Auch wer wässert, fördert mehr Konkurrenz. Ist das der Fall, heißt es also doch: arbeiten, aber mithilfe der Moose, nicht gegen sie.

Moose unterdrücken Aufwuchs von selbst. Das heißt, in einem jungen Moosgarten mag zunächst mehr Arbeit anfallen, die aber nach und nach weniger wird, weil der Samenvorrat der anderen Möchtegern-Emporkömmlinge weniger wird. Moos hat zudem einen »Selbstverstärkungseffekt«: Viele heimische Moose säuern den Boden an (s. S. 19), was Blütenpflanzen oft nicht gefällt. Dazu kommt eine gewisse keimhemmende Wirkung der Moose auf die Samen einiger Blütenpflanzen. Je dichter, älter und robuster also das Moos, desto weniger müssen Sie jäten. Ganz aufhören wird es aber nie – das gehört zur Natur: ein dynamisches Ringen um Lebenskraft.

Beim Jäten des Aufwuchses betrete ich das Moos und ziehe sanft, aber gleichmäßig die unerwünschte Pflanze oder den Halm heraus, möglichst mit Wurzeln, sonst hat man demnächst ein wiederholtes Date mit ihr oder ihm, das nicht unbedingt erotisch ausfällt. Raus damit! Meister des richtigen Ziehens und der idealen Kraft erkennt man daran, dass es ihnen gelingt, das komplette Kraut samt Wurzel herauszuziehen

– nicht aber Moos mit dazu! Übung macht den Meister. Für alle Vizemeister und Vize-Ersatzmeister sei beruhigend gesagt, dass verletztes Moos einfach wieder angedrückt wird – und bald robust werden wird. Je jünger das Kraut und je älter das Moos, desto leichter lässt es sich trennen.

Ich halte es für unnötig, allzu oft zu jäten, und habe mir angewöhnt, in der Vegetationsperiode drei bis vier Mal einen systematischen Schnelljäte-Durchgang zu machen. Dass dazwischen immer mal wieder was durchkommt, finde ich schön und interessant.

Bei jedem Durchgang entscheide ich, ob ich nicht zumindest zeitweise noch etwas anderes stehen lasse, das mit dem Moos harmoniert. Das unterstützt zudem die naturnahe Lebensraumfunktion im Moosgarten, ohne dessen moosgrünen Grundcharakter zu zerstören (s. auch S. 98). Gerne habe ich die Kombination mit einigen bewundernswert hartnäckigen und schönen Baldrianen, dem gelb leuchtenden Scharbockskraut im Frühjahr und natürlich einigen Farnen, die mir eine Urzeitatmosphäre schaffen. Auch Pilze lasse ich stehen: meine Pointen! Hierbei zeigt sich die Individualität eines Moosgartens: Was Sie wie sein lassen oder kombinieren, das ist Ihre Freiheit – und die ist groß. Zum Glück!

In einigen früheren Ratgebern zum Thema wird die Möglichkeit der Verwendung eines moosverträglichen Herbizides mit Wirkstoff Glyphosat genannt, das gezielt auf nichtmoosige Eindringlinge ausgebracht wird. In der Tat vernichten Sie damit fast jeden Aufwuchs, ohne sich bücken zu müssen. Moos aber reagiert nicht auf Glyphosat und bleibt übrig. Herbizide, die anders als Glyphosat Diuron enthalten, schaden allerdings auch den Moosen. Annie Martin (s. S. 197) empfiehlt alternativ biologische Mittel, die ich aber für wenig wirksam halte. Im Sinne eines Natur-Moosgartens sollte das Einbringen von Fremdstoffen unterlassen werden. Wer einen guten Moosgarten will, muss auch mal zupfen. Und so viel Arbeit ist das nicht.

In meinem Moosgarten habe ich das zweifelhafte Vergnügen, mit Brombeeren in Wettstreit zu treten. Dort ist die Wurzelentfernung mühsamer, aber auch da muss man nicht perfektionistisch sein. Selbst die härteste Brombeere kommt mit der Zeit immer weniger durch, und dann wird sie von mir bei guter Musik und mit noch besseren Handschuhen entfernt. Brombeeren sollten aber anderenorts als wunderbare und wichtige heimische Beeren- und Nektarpflanzen in Ruhe wachsen. Wenn man viele Brombeeren hat, kann man sie um einen Moosgarten herum derart belassen, dass man mit ihnen eine natürliche und fast perfekte Barriere gegen Wildschweine und Rehe gewinnt, muss sie dann aber jährlich aus dem Moos zurückdrängen.

Kommt immer wieder ganz viel Aufwuchs durch und unterdrückt schon nach kurzer Zeit das Moos, ist das ein Zeichen, das etwas falsch ist: falscher Platz, falscher Boden, schlechte Bodenvorbereitung, falsches Moos? Entweder steuern Sie hier nach, weichen auf einen anderen Platz aus – oder müssen eben mehr arbeiten. Schlimm ist nichts davon.

Moos gegen Moos?

Es kann vorkommen, dass ein Moos in ein anderes einwächst. Der besser Angepasste kann den anderen schon mal verdrängen – oder sie ringen förmlich miteinander. Möglich ist auch, dass sie sich arrangieren und zusammen bleiben. Ich beobachte solche Überwachsungen verschiedener Moosarten, die zuvor getrennt wuchsen, gerne, weil das oft schöne Muster ergibt. Und lerne daraus: Wächst ein Moos in ein anderes ein, ist dieser Platz ohnehin für das einwachsende Moos besser geeignet. Dann gibt es drei Möglichkeiten: (1) Ich lasse es geschehen und genieße das sich verändernde Muster. (2) Ich entferne das vorherige Moos zugunsten des einwachsenden Mooses. (3) Ich dränge das einwachsende Moos zurück, weil ich an diesem Platz unbedingt dieses Moos haben möchte. Entscheide jeder nach seiner Vorliebe. Falsch machen kann man dabei nichts.

Muss Moos zum Friseur?

Moos reguliert sich selbst. Keiner muss Angst haben, dass es sich selbst überwuchert, wenn Polster dicht an dicht stehen. Kleine Überlappungen lassen erst recht schöne Bilder entstehen. Dennoch kann es geschehen, dass einzelne Moosteile absterben oder es Ihnen als Gärtner zu viel wird. Dieses Moos dürfen Sie einfach entnehmen, abschneiden oder je nach Geschmack kunstvoll mit der Gartenschere stutzen, sodass an die freie Stelle wieder neues Moos aus benachbarten Stellen einwachsen kann – oder man setzt Neues ein. Nötig ist das nicht – es dient allein dem ästhetischen Geschmack.

Ich bevorzuge sogar Stellen mit (vermeintlich) abgestorbenen Moosteilen, weil das für mich zur Natur als Ganzes dazugehört und auch schön ist. Spannend ist, was dabei als Nächstes geschieht. Immer wieder erlebe ich das Wunder, dass sich abgestorbene Teile regenerieren oder das Moos von selbst die Lücke schließt. Und gerade ein abgestorbenes Moosstück kann auch ein Minihabitat für Kleintiere sein. Moosfriseur ist also kein Beruf, den es geben muss.

Bitte nicht düngen!

In der wenigen Moosliteratur werden gelegentlich Dünger für Moose empfohlen, die es stärken und anderen Aufwuchs unterdrücken sollen. Von dem halte ich nichts, führe Rezepte deshalb auch nicht aus und empfehle, auf solche Mittelchen und jede Art Düngung zu verzichten. Denn dort, wo es hingehört, ist Moos stark, und die Welt hat schon genug Stickoxide in der Luft und in Böden, ein schwerwiegendes Umweltproblem. Moos braucht all das nicht. Viele Moose sind sogar auf nährstoffarme Bedingungen angewiesen. Düngen Sie doch, fördern Sie damit nur wenige und nur sehr nährstoffliebende Moosarten wie *Brachythecium rutabulum*.

Amsel: »Weiches Moos ist wunderbar«!

Interview 5

Gerade fliegt ein tiefschwarzer Amselmann ein, landet auf dem Moos – und rupft es heraus. Ich bin entsetzt. Mir gelingt wenigstens dieses hektische Kurzgespräch.

Michael Altmoos (MA) Hey, geht's noch? Pass auf, das ist mein Moosgarten. Warum rupfst Du das raus?

Amsel (A) *Nestbau. Brauch ich. Keine Zeit.*

MA Kannst Du nicht etwas anderes nehmen? Ich hab mir so viel Mühe gegeben, das Moos hierher zu bringen.

A *Super Service. Danke Dir aufrichtig. Deinen Baustoffhandel empfehle ich weiter.*

MA Nein, bitte nicht. Und nimm nicht so große Stücke.

A *Die Eier meiner Frau sollen es weich haben. Und sag mal ehrlich: Verbringst Du Deine Kükenzeit lieber auf weichem Moos oder auf hartem Geäst?*

MA Okay, dann lieber Moos. Das verstehe ich.

A *Gut, wir sind ja doch aus gleichem Gefieder. Übrigens lieb von Dir, dass Du im feuchten Moos so viele Würmer anbietest. Da lohnt das Rupfen noch mehr. Echt lecker.*

MA (stöhnt): Mein Moosgarten ist doch kein Restaurant für Tiere.

A *Doch.*

MA Woanders gibt es auch schöne Würmer. Kannst Du nicht dort hinten suchen?

A *Nö.*

MA (schriller): Kannst Du nicht wenigstens dieses eine Moospolster hier unangetastet lassen?

A (weiterhin ruhig): Nö.

MA Bist Du bald fertig?

A *Nö.*

Amsel im Moosgarten: erdulden wir ihr Rupfen!

MA (verzweifelt mit Blick aufs Moos): Was soll ich nur tun?

A *Also, meine Frau sagt beim Eierlegen: immer feste drücken! Bestimmt hilft Dir das fürs neue Mooslegen. Ah, da piepst sie – ich muss los (fliegt mit einem vollen Schnabel Moos davon).*

Ich schaue hinterher, gehe zur entstandenen Lücke und drücke gerupftes Moos einfach wieder fest an, größere Lücken schließe ich mit neuem Moos oder lasse diese offen und wässere sie, damit sie sich von selbst wieder schnell bemoosen. Es ist so einfach. Und nachts träume ich von einem kuschelig weichen Nest – mit Moos. Natur verbunden. Mögen die Amseljungen gut flügge werden. Und die Nestbauzeit doch bitte nicht so lange dauern.

Tiere wie wir!

Vögel werden bald auch begeistert vom Moosgarten sein und nutzen Moos zum Nestbau (s. S. 146). Besonders Buchfinken, Amseln und Zaunkönige lieben dieses Baumaterial. Amseln zerfetzen auf der Suche nach Würmern schon mal große Moospolster. Die entstandenen Löcher bitte ich, hinzunehmen und einfach wieder zu stopfen. Dafür werden Sie im Winter wunderschöne Moos-Nestkunstwerke im nächsten Gebüsch finden mit dem Wissen: Diese Eier lagen wirklich weich – diese Küken hatten es schön kuschelig. Legen auch wir uns doch einfach mal so ins Moos. Leben und leben lassen!

Rehe hingegen scheinen von Moos wenig begeistert zu sein und fressen es nicht ohne Not: wohl zu sauer, wie dann auch der Gartenbesitzer. Aber es könnte leckere Keimlinge verdecken. So kommt es doch immer wieder vor, dass Rehe und andere Tiere im Moosgarten zu tun haben, dass Eichhörnchen Nüsse vergraben oder dass sich Wühlmäuse und Maulwürfe ihres schaffensreichen Lebens erfreuen. Moos wird von fast keinem größeren Tier absichtlich ohne Not gefressen, doch der darunterliegende feuchte Boden und seine Inhalte sind attraktiv. Die entstehenden Lücken stopfe ich immer mal wieder, sperre Tiere aber nicht aus. Sie erleben zu können, ist die Arbeit wert. Und wenn ich später einen Nussbaumkeimling rausziehen muss, lächle ich und denke ans Eichhörnchen – und dass es hoffentlich noch viele andere Verstecke hat.

Schwein gehabt?

Anders ist es mit Wildschweinen – oder doch nicht? Hier muss ich Ihnen jetzt zitternd und schmerzverzerrt von meinem schwärzesten Moos-Tag berichten, heute noch ein Albtraum: Eines Tages im Winter 2015 haben Wildschweine meinen ganzen schönen Moosgarten durchwühlt. Da war nichts mehr wie zuvor. Stiller Abend. Billiger Rotwein. Pause.

Am nächsten Morgen, ein sehr später Morgen, erinnerte ich mich an meine eigenen Worte und sagte mir; auch das gehört zur Natur. Und nach sehr tiefem Durchatmen und mit noch etwas Kopfweh sammelte ich nach und nach die herumliegenden Moospolster ein, drückte sie neu an und schloss die Lücken weitgehend. Das war zwar ein ganzer Tag Arbeit, dafür ergaben sich neue Chancen, ja geradezu ein Flow-Gefühl: diese neue Kuhle als Mikrorelief? Auf diese Lücke ein Kunstwerk? Hier nun anderes Moos? Raum zur Selbstbemoosung? Arbeiten wir immer mit der Natur und nicht gegen sie.

Wildschweine haben schließlich wichtige Funktionen: Wenn sie wühlen, schaffen sie offenen, lockeren Boden oder Feuchtstellen mit neuen Keimbedingungen für Kräuter, nachdem sie Bodentiere, Baumsamen wie Eicheln und Bucheckern gefressen haben. Das ist ein wichtiger Naturprozess, der den Lebensraum lebendig in Bewegung hält, manche Pflanzen und Kleintiere auf dann vielleicht lichteren Stellen erst ermöglicht.

Zieht Moos »Ungeziefer«, Moskitos oder Zecken an? *Moos-Wissen-Blickpunkt 13*

Eine Anziehwirkung für solche Tiere durch Moose gibt es nicht! Moose sind zu niedrigwüchsig und zu ungeeignet, um Zecken einen guten Ort zu bieten. Dennoch kann sich mal die eine oder andere darin aufhalten, was aber selten ist. Stehendes Wasser gibt es im Moos kaum, das wird schließlich gerade vom Moos aufgesogen. So ist die Wahrscheinlichkeit, von Stechmücken im Moos erwischt zu werden, geringer als sonst, wenn auch nie ausgeschlossen. Durch Säuregehalt vieler Moose und mooseigene Abwehrstoffe, die im Laufe der Evolution als Schutz vor Insektenfraß entstanden sind, sind Plagegeister im Moos selten, sie kommen eher aus benachbarten Flächen mal vorbei.

Nur sollte das nicht gerade hier sein, meint der Moosgärtner. Wenn Ihre Moosstelle auf einer Wildschweinbahn liegt, sollten Sie über Platzalternativen nachdenken.

»Das gibt's doch nicht«, rufe ich laut. Meine Frau kommt ins Büro: »Doch, das gibt es.« Sie lächelt. Ich nicht. Gerade als ich diese Zeilen schreibe, im Oktober 2018, sehe ich vor meinem Bürofenster drei Wildschweine vorbeitrippeln. Ich renne hinaus. Mit einem unguten Gefühl gehe ich in den Moosgarten, aus dessen Richtung die Tiere kamen. Tatsächlich, er ist durchwühlt, so ein Mist, diesmal allerdings nur zu einem Viertel. Alter Autoren-Aberglaube: Schreibt man über etwas, geschieht es. Vielleicht hätte ich besser über Lottogewinne und den ewigen Frieden schreiben sollen?

Offenbar wollte mich das Schicksal nochmals testen, ob ich meine Zeilen selbst lebe und ob sie tragen, bevor jemand das Buch verwendet. Ich muss gestehen: Die Wildschweine habe ich überaus schweinisch beschimpft, bevor ich doch wieder ihre wichtigen ökologischen Funktionen anerkenne. Die notwendige Reparatur – Moose aufsammeln und wieder einbringen – passte mir gar nicht. Insgesamt vier lange Stunden hat sie mich gekostet, weil auch eine zerstörte Moosspirale in Familienaktion neu erstellt werden musste. Das wieder angedrückte Moos sah noch eine ganze Weile recht mitgenommen aus. Neue freie Stellen in Selbstbemoosung schlossen sich nur langsam. Aber nach sechs Wochen war die Fläche wieder überwiegend schön moosgrün, ja sogar noch besser als zuvor, wie ich nach jeder Umgestaltung finde. Die neuen Vertiefungen und Hügelchen, die ich nicht geglättet hatte, gefallen mir. Großlandschaften verändern sich auch, und irgendwie ist ein Moosgarten ein Abbild unserer Welt. Nur zweimal in zehn Jahren einen Wildschwein-Einfluss zu korrigieren, das ist in Ordnung und zu ertragen, arbeitet man mit der Natur. Dennoch wünsche ich Ihnen möglichst viel Schwein – nein, nicht Schwein, sondern Glück. Zäune gegen Tiere würde ich vermeiden. Denn Natur lebt von Verbund, von Dynamik, Durchlässigkeit und Vernetzung. Das zu gewährleisten, ist generell wichtig für Naturschutz.

Wenn Sie sich aber für Zäune entscheiden, weil das in Ihrem Fall angemessen und sinnvoll ist, bitte ich darauf zu achten, dass es keine Barrieren sind, an denen sich Tiere verletzen könnten. Stacheldraht sollte tabu sein. Brombeeren können eine gute Begrenzung sein. Ein Holzlattenzaun oder ein Mäuerchen, die sich natürlich bemoosen, sind Lösungen, die auch charmant sind. Leichte Zäune werden von hungrigen Tieren verschoben. Und motivierte Schweine springen bis 1,5 m hoch, sportliche Rehe locker bis 2 m, und da sind die Überflieger im Paarungsrausch oder in panischer Flucht nicht mitgerechnet. So werden viele Begrenzungen überwindbar sein für diejenigen, die das wollen. Aber sie sind unbequem für manch weniger motiviertes Tier, das dann doch lieber woanders hingeht. Wer Moosplätze scharf abgrenzt, isoliert sich letztlich selbst. Alle Barrieren werden irgendwann überwachsen und überwunden, schneller als »Barriereristen« denken – durch Moose. Bitte Mut zur Offenheit!

Umbauarbeiten!

Ein »Schaden« durch Tiere kann der Anlass sein, den Moosgarten gezielt umzugestalten. Doch auch wenn die Mooswelt in Ordnung ist, steht es dem gestaltenden Gärtner frei, immer mal Moose umzusetzen. Moose des (Halb-)Schattens sind äußerst robust und wachsen schnell wieder an. Polster und moosbewachsene Äste oder Steine lassen sich zu neuen Bildern und Kombinationen umsetzen. Man gehe die Schritte des Sammelns und Ansetzens noch mal durch, nur jetzt innerhalb des eigenen Moosgartens.

Wer allerdings die Ruhe und Harmonie betonen möchte, sollte immer nur einen kleinen Teil umgestalten, während der andere in Kontinuität verweilt. Kontinuität hat den Vorteil, dass Moos robuster wächst, die Bodenlebewelt sich an dieser Stelle besser einstellen kann, während umgesetztes Moos immer auch riskiert, am neuen Fleck nicht ganz so fest und gut zu wachsen. Beides – eine gewisse Kontinuität und dynamische Flächen – sollte in einem größeren Moosgarten ermöglicht werden (s. auch ab S. 167).

Schnecken ohne Schrecken

Nacktschnecken sind nicht gerade die Lieblinge der meisten Gärtner. Als Moosgärtner können Sie darüber lächeln. Denn das eher saure Moos wird von Nacktschnecken gemieden. Zwar erwische ich bei mir im Moos gelegentlich eine, die das nicht wusste, aber das ist selten. Anders ist es bei kleinen Gehäuseschecken. Diese leben gerne in oder unter Moos, an moosigen Ästen, Moossteinen und bereichern die Kleintierwelt. Meist weiden sie Algenaufwuchs und anderes friedlich ab, kaum aber das Moos. Moosgärten sind also Schneckengärten zum Genießen – ohne Schneckenfraß zum Fürchten. Allerdings fressen manche Schnecken gerne die Sporenkapseln der Moose. Optisch fällt das kaum auf, reduziert aber geringfügig die Fortpflanzung der Moose. Dennoch bleibt sicher genug Sporenmaterial übrig.

Bild rechts: Naturfelswand mit Moos und eingearbeiteter Spirale von Ureinwohnern auf der Kanareninsel La Palma, ein mystischer Platz zwischen alter Kultur und Moosnatur.

Mit Moosen Schnecken schrecken! *Tatgeber 15*

Moose besitzen einige sekundäre Pflanzenstoffe, die auch Fraßfeinde wie Schnecken abwehren. Diese Stoffe sind nicht giftig, sie verderben Schnecken aber den Appetit. Nutzpflanzen können daher mit Moosextrakt eingespritzt oder eingerieben werden:

Einfach Moos in Gießwasser einweichen und auftragen. Wahlweise kann man mit unterschiedlichen Konzentrationen oder »Moosmatsch« experimentieren, der möglichst gut anhaftbar sein soll. Jeder kann seine Lieblingsmischung finden, weil in unterschiedlichen Gegenden offenbar unterschiedliche Konzentrationen gut wirken. Eine Mischung aus zwei vollen Händen zerriebenem Moos auf einen Liter Wasser funktioniert oft gut. Dazu zwei Fingerprisen feuchte Erde als Haftmittelchen.

Bevorzugt sollte das am unteren Spross und den unteren Blättern der zu schützenden Pflanze aufgetragen werden, weil von dort die Schnecken kommen, während die oberen Blätter frei bleiben sollten, um den Stoffwechsel der Pflanze nicht zu sehr zu stören.

Nach einigen Tagen und nach jedem Regen muss das jedoch wiederholt werden, weil der Moosextrakt ausgewaschen wird. Perfekt ist das sicher nicht, wehrt meiner Erfahrung nach aber etwa zwei Drittel der Schnecken ab, ohne irgendetwas zu schädigen.

Polytrichum-Moosrasen, hier in freier Natur, streicheln sanft unsere Sinne: für Augen, Hände oder Füße. Tauchen Sie ein in traumhafte Moos-Miniaturlandschaften.

Moos-Erfahrung macht flexibel

Wer einen guten Natur-Moosgarten haben will, sollte möglichst locker bleiben oder werden, gerade mit Tieren. Erst dann ist der Garten lebendig und einzigartig, erst recht, wenn Natur und Tiere mal die Richtung ändern.

Aber es gibt Störungen jenseits unserer tierischen Freunde, die einfach so über uns kommen: Starkregen kann auch das robusteste Moos wegschwämmen, das seinerseits eigentlich Hochwasserschutz ist. Extremereignisse gibt es seit Anbeginn der Zeit immer wieder. Auch Bäume können auf den Moosgarten stürzen. Das ist mir bisher zweimal passiert. Der Anblick ist nicht schön, und das ist zurückhaltend ausgedrückt. Die Arbeit, Stämme und Geäst abzuräumen, macht keinen Spaß. Und das Sägemehl setzt sich auf das Moos. Aber auch dafür gilt: Sägemehl wie jedes andere Material oberflächig entfernen, Lücken mit Moos schließen. Das Ganze verwächst sich schnell. Als Denkmal für das Ereignis und den gefallenen Baum dürfen ein paar Baumstücke oder der Stamm verbleiben, die sich von selbst bemoosen und den Garten aufwerten. Moose standen am Anfang der Evolution an Land: ein hoffnungsvolles Zeichen, nach Störungen immer wieder zu beginnen und solche Ereignisse kreativ zu nutzen.

Moos regelmäßig betreten!

Betreten der Moosfläche ist gut: Das kann die Robustheit und Bodenhaftung weiter unterstützen. Bei höheren Laubmoosarten der Gattung *Polytrichum* hat man Hemmungen, auf die »kleinen Bäumchen« zu treten. Aber auch sie sind recht unempfindlich.

Wer Vorbehalte hat, mit den Füßen über filigranere Moospolster zu laufen, darf auch die Hände nehmen und das Moos immer wieder sanft andrücken. Am angenehmsten ist es, barfuß über das Moos zu laufen: Erstens ist das eine so schöne sinnliche und überaus gesunde Tasterfahrung für einen selbst – auch dafür ist ein Moosgarten da. Das dient auch Ihrer eigenen Bodenhaftung, lieber Mensch. Zweitens erzeugen Sie damit den notwendigen sanften Druck, was der Bodenhaftung der lieben Moose dient. Und drittens minimieren Sie vorsorglich Zerstörungen durch vielleicht doch zu hartes Schuhwerk, gerade wenn Sie es mit der Familie oder Besuchern öfter tun möchten.

Moosschädlinge – Mooskrankheiten?

Werden größere Moosflächen anhaltend dürr und sterben ab, deutet das auf Fehler hin. Überprüfen Sie: falscher Platz, falscher Boden, falsches Moos? Moos ist regenerationsfreudig, also bitte warten, ob nach Wochen wirklich nichts mehr kommt. Moosgärtner müssen gute Naturbeobachter sein – und auch das macht Spaß.

Klassische Gärtner eint die leidvolle Erfahrung, dass ihre Pflanzenlieblinge von Läusen, manchen Käfern, Pilzen, Würmern, kleinen Parasiten und anderen vermeintlichen »Antihelden« heimgesucht werden. Und Moosgärtner? Lehnen sich einfach zurück. Bisher gibt es offenbar keine Mikrobe, kein Tier, keinen Pilz, die Moos in großem Stil vernichten. Moos hat sekundäre Pflanzenstoffe entwickelt, die es relativ gut vor Insektenfraß und Kalamitäten schützen.

Ausnahmen bestätigen die Regel: Manche Heuschrecken (Gattung *Tetrix)* knabbern an Moosen, führen aber nicht zu Schäden. Je nach Ort und Feuchtigkeit können manche Pilze mit ihren Hyphen Moose durchdringen und schwächen. Zwar haben Moose teils auch fungizide Inhaltsstoffe und bekämpfen von selbst den Pilz, in manchen Fällen aber verliert das Moos und geht zurück. Manchmal sieht man das an Baumstämmen, an denen Pilze stärker als Moose sind. In den meisten Fällen aber finden sich Moose und Pilze zusammen am selben Baum und schaden einander nicht. Auch Springschwänze (Collembolen) und Fadenwürmer (Nematoden) können phasenweise überhandnehmen, gehören aber zum Lebensraum. Auf eine Bekämpfung würde ich verzichten. Denn in der Natur gibt es immer auch Gegenspieler und meist wird es sich von selbst regeln. Notfalls kann das Moos stellenweise entfernt und neues eingebracht werden.

Alter der Moose – Sterben der Moose

Moos-Wissen-Blickpunkt 14

Scheinbar ewig und unveränderlich wirkt manche Moosfläche. Und doch hat sie eine der zentralen Eigenschaften alles Lebendigen in sich: Sie muss einmal sterben. Zuvor allerdings können Moospolster Jahrzehnte alt werden. Auch ist ihr Sterben nicht immer für uns erkennbar. Denn während einzelne Pflänzchen (Gametophyten) absterben, wächst das Moospolster an anderer Ecke durch neue Pflänzchen vielleicht weiter. Die Moospolster wirken trotz natürlich absterbender Teile anhaltend lebendig.

Den derzeitigen Altersrekord hält das antarktische Moos *Chorisodontium aciphyllum*, das aus dem Eis der Insel Signy geborgen wurde und nach 35 Tagen »Aufwachen« auf einem geeigneten Substrat weiterwuchs – und das nach etwa 1500 Jahren.[11]

Wie alt Moose werden, hängt von der Art und den Umweltbedingungen ab. Je nach Art und Standort ist das höchst unterschiedlich. Einzelne Polytrichum-Stielchen können nach ein bis fünf Jahren absterben, andere sind Jahrzehnte lebendig. Sterbende Moospflänzchen erkennt man an ihrer Braunfärbung. Allerdings darf das nicht mit ihrem natürlichen Trockenstadium verwechselt werden, aus dem sie bei Befeuchtung auch nach langer Zeit ins Leben zurückkehren können. Leben und Tod sind also für uns im Moos nicht immer klar trennbar.

Auch die Moossporen sind Teile dieser Pflanzen – und manche Sporen können extrem langlebig sein, vielleicht jahrhundertelang trocken durch die Atmosphäre fliegen, jahrelang keimfähig im Boden überdauern.

Sind die einzelnen grünen Moospflänzchen also überaus irdisch und sterblich, so scheint der Kreislauf des Lebens und der Moose samt ihren Sporen ewig. Mit der Zeit aber verändern sich alle evolutiv. Aus alt wird immer neu.

Ein wirkliches Sterben der Moose geschieht letztlich durch Verlust ihrer Lebensräume, dem Verschwinden geeigneter Wachstumsorte oder durch bewusstes Zerstören der Moospolster. Mehr dazu lesen Sie ab S. 167. Mit einem Moosgarten können Sie dem im Kleinen entgegenwirken und sich bewusst als Teil des Naturkreislaufes erleben.

Bild rechts oben: Mooskissen als Pionier auf Fels: Moos ist immer jung, weil es stets neu als Pionier solche Lebensräume schnell besiedeln kann. Zugleich kann es sehr alt sein, weil Kissen und Polster über Jahrzehnte ausdauern können und sich optisch oft nur wenig verändern.

unten: Lebendige Integration von Moosen in historische Objekte, möglichst an deren Originalort, hier eine alte Steinbruch-Lore im Moosgarten in Staudernheim

Moos passiv genutzt: Elemente harmonieren mit Moos

Moos aktiv genutzt: Moos als Gestaltungsmaterial

Steine im Moos (Kontraste)

Steine, die sich selbst bemoosen

Moos-Miniaturlandschaften

Hölzer, Äste, Stubben

Kunstwerke, wie Skulpturen, teils mit Moos

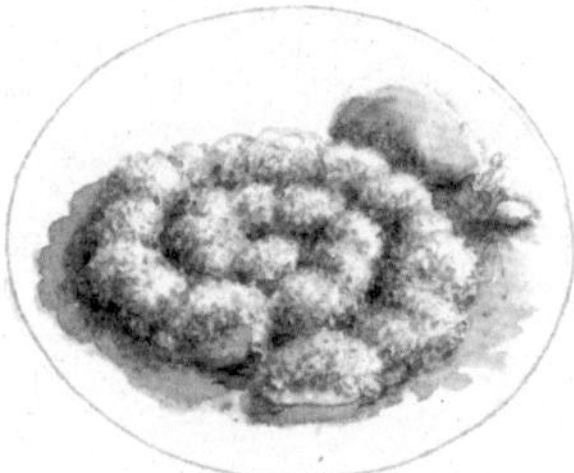

Moos-Formen, Moos-Figuren

Fairytale Houses (Mini-Häuser in Moos)

Moos als Bühne

Moos-Jams

Moos-Theater, Moos-Lesungen

Naturbeobachtung (Sitze, Liegen, Häuschen)

Moos kreativ

Jeder ist ein Moos-Künstler

Das Betrachten von Moos ist zweifellos eine der besseren Endorphin-Quellen, die dem menschlichen Geist zur Verfügung stehen. […] Wo sie entlang der Ufer von Bächen und Teichen wachsen, an Wegen in Parks und Gärten, vor Gebüschen, bieten sie Feinheit, eine Intimität in dem, was man sieht, und einen visuellen Komfort.

George Schenk,
Moss Gardening

Moos macht Spaß. Moos ist Natur ist Kunst – und schafft Kunst. Jeder Moosgarten kann sich individuell entwickeln, verändern, neu erfinden. Gerne öffne ich den Blick für den großen Markt der moosigen Möglichkeiten. Ein jeder entwickle seinen eigenen Stil.

Bemoosen lassen

Je nach Geschmack können Sie alle möglichen Dinge in einen Moosgarten einbringen, die wahlweise mit dem Moos kontrastieren, harmonieren und sich selbst bemoosen dürfen. Ob Sie von Zeit zu Zeit das daran aufwachsende Moos zurückdrängen, hängt wiederum von der Ästhetik und Aussage ab, die Sie gewinnen wollen. Ein Harmoniebedürfnis können Sie beispielsweise erfüllen, wenn Sie kleine Kunstwerke, Skulpturen oder rostige Geräte mit dem Moosgrün kombinieren. Es kann aber auch provokant werden: vielleicht etwas Grelles ins Moos?

Sinnvoll ist es, bestehende Dinge am Moos-Ort zu belassen, sodass Moos hineinwachsen kann. In meinem Moosgarten haben wir historische Relikte aus der Zeit des Steinbruchs dort gelassen, ergänzt durch wenige weitere Gerätschaften, die zu diesem Ort passen. All diese dürfen sich bemoosen. Ein völliges Überwuchern schließe ich aus und nehme von Zeit zu Zeit das Moos etwas zurück. So interagiert alte Technik mit dem Grün der Moosnatur, was viele Besucher als ansprechend und nachdenkenswert empfinden. Wie ist die Balance von Kultur und Natur, von Menschenwerk und Wildnis? Das passt zu diesem Naturschutz-Museum, und gerne rege ich damit zum Denken in Freiheit an.

links: Übersicht zu kreativen Möglichkeiten mit Moos

Vielfältig sind auch die Möglichkeiten, Naturobjekte in den Moosgarten einzubringen. Steine, Äste und Hölzer sind Habitatelemente, auf denen vielleicht seltenere Moosarten wachsen, und das kann zudem ökologisch sinnvoll sein. Wer einen mystischen Moosgarten möchte, kann aus Steinen oder unterschiedlich grünen Moosen Labyrinthe oder Mandalas legen. Besonders gut harmonieren weiße Kiesel, die traditionell in Japangärten eingesetzt werden. Weil diese aber nicht überall standortgerecht sind, wähle ich meist lieber das jeweils natürlich vorkommende Gestein. Bei mir in Staudernheim lege ich gerne heimische Sandsteine ins Moos. Dieses raue Gestein wird recht bald überwuchert. Dann freue mich über eine neue moosbewachsene Rundung.

Zeitweise unterstützen die wunderbaren Steintürmchen des Künstlers Urs Werthmüller aus dem Schweizer Jura die Atmosphäre in meinem Garten (s. Foto S. 70). Schön ist es, wenn nicht allzu viel Unnatürliches im Moosgarten ist. Lieber darf man die Gegenstände von Zeit zu Zeit auswechseln. Moos verändert sich, Sie dürfen das auch.

Mit Moos gestalten

Räumliche und bildende Kunst mit Moos

Aus Moos können Sie kleine Landschaften oder Skulpturen gestalten, indem Sie passende Moosarten kombinieren. Stellen Sie dafür schon bemooste Teile wie Steine, Hölzer oder Ästchen zusammen. Oder formen Sie aus geeignetem Stein, Holz oder Metall eine plastische Grundform, auf der Sie Moos aufbringen, gegebenenfalls angehaftet mit einem Matsch-Erde-Gemisch (s. S. 161). Auf solche Weise bemooste Dinge zu Kunstwerken zu kombinieren, halte ich für einen eigenen Stil, an dem man sich ausprobieren kann.

Wer keine passenden bemoosten Naturteile findet, kann mit »Moosfertigprodukten« arbeiten: ein bemooster Teppich, bemooste Gegenständen (die zuvor monatelang an einem geeigneten Ort lagen und bemoost wurden) oder eine gekaufte und zurechtgeschnittene Moosmatte, die zu »Moos-Plastik« und neuer Kunst gestaltet werden.

Moose inspirieren zu Gemälden oder Zeichnungen: realistisch, impressionistisch, surreal. Bildhafte Mooswelten entstehen aber auch aus getrockneten und gepressten Moospflänzchen. Deren unterschiedliche Größen, Formen und Farbnuancen können Sie nutzen, indem Sie diese auf ein Blatt Papier kleben und zu künstlerischen Landschaften kombinieren. Der Apotheker und frühe Moosforscher Adalbert Geheeb (1842–1909) aus der Rhön hat auf diese Art beeindruckende »Moosgemälde« geschaffen, die sogar in Ernst Haeckels berühmtes Werk »Kunstformen der Natur«

Kugeln aus Moos, auf eine Rundform aufgebracht und kunstvoll drapiert: eine Dauerinstallation im Abflugterminal Flughafen La Palma, Kanarische Inseln

aufgenommen wurden. Erhaltene Exemplare befinden sich im Ernst-Haeckel-Haus der Friedrich-Schiller-Universität Jena (Museum) und im Stadtmuseum Geisa in der Rhön. Neben Zeichnungen und Collagen mit gepresstem Moos lassen sich auch Fotos von Moosen künstlerisch aufbereiten oder verfremden.

Moos-Beobachtungsplätze

Möchten Sie sich selbst als Teil Ihres Moosgartens erleben und das auch anderen Menschen ermöglichen? Das kann gelingen, indem Sie Plätze zum Sitzen, Ruhen und Beobachten im Moos bauen. So entstand zum Beispiel ein »Moos-Traum-Haus« im Moosgarten Staudernheim: eine kleine Holzhütte, in die man hineingehen kann. Man muss sich bücken und auf kleine Sitze setzen. Dermaßen verkleinert und »geerdet«, sieht man gemütlich durch Fenster in neuer Perspektive auf das Moos, kommt zur Ruhe und entdeckt viel mehr Details als im Stehen. Selbstredend, dass sich die Hütte selbst bemoosen darf.

Bemooste Sitze sind buchstäblich weiche, wenn auch feuchte Möglichkeiten, sich einladend niederzulassen. Ein alter Sitz mit geeigneter Oberfläche oder eine aufgeraute Steinbank kann sich in luftfeuchter Ecke selbst bemoosen. Oder Sie pflanzen

Moospolster auf eine Sitzgelegenheit, die Sie vorher passend bearbeitet haben. Möglich sind auch andere Naturbeobachtungsbauten. Vielleicht ein kleiner begehbarer Graben, bei dessen Betreten der Kopf auf Mooshöhe ist?

Märchenhafte Mooswelten, Moosspiralen, Moos-Labyrinthe

Moosgärten vermitteln oft eine märchenhafte, geradezu magische Atmosphäre, die zum Spielen einlädt: Gerade dort ins Moos ein kleines Häuschen stellen oder einen Märchenpfad gestalten und die Perspektive wechseln? Kinder spielen gern im Moos, träumen mit Moos. Sind wir nicht alle Mooskinder? In Irland gibt es »fairytale trails« (Elfenwege): Entlang kleiner Pfade verstecken sich fantasievolle Miniaturhäuschen. Diese harmonieren mit moosreichen Wurzeltellern, knorrigen Bäumen – und oft auch Moospolstern. Gestalten Sie Ihren eigenen Moospfad, Ihre Moos-Märchenwelt.

Um Moosaike zu legen oder Spiralformen im Moosgarten anzulegen, können Sie zum Beispiel tiefdunkelgrüne *Polytrichum*-Arten und die deutlich hellgrüneren häufigen *Hypnum*-Moose oder *Eurhynchium*-Arten kombinieren (s. Foto S. 81). Wer weitere Moose dazu nimmt, kann »Regenbögen in Grün« (»Moosbogen«) und vielfältige Grüntöne unterschiedlicher Moosarten ineinanderfließen lassen.

Moos-Kunst-Schalen

Bei wenig Platz bietet sich die Gestaltung einer Moosschale an: im Freien, auf Balkon oder Terrasse, mit Kunst. In Japan ist das verbreitet. Hierfür gelten dieselben Grundsätze wie für einen großen Moosgarten – nur alles in ganz Klein: Schale mit Steinen oder Erde auslegen, sanft modellieren, Moos aufbringen. Moosparadiese können winzig sein und schon oft habe ich mich über Minigärten gefreut, die Liebe und Sorgfalt spiegeln.

Moos-Graffiti

Eine schöne Idee ist es, Wände und Mauern mit Moos zu gestalten. Im Internet kursieren Rezepte mit Mischungen aus Buttermilch, Joghurt oder anderen Milchprodukten, in die pulverisiertes oder gemörsertes Moos gemischt wird. Diese Masse wird nach Art von Graffiti auf (poröse) Mauern aufgespritzt.

Wer auch immer sich das Rezept mit Joghurt oder anderen Milchprodukten ausgedacht hat – und wer es kopiert: Es ist Quatsch! Ich kenne keinen, bei dem es wirklich funktioniert. Auch Variationen mit Porzellanton, Düngeremulsionen, Bier-Zucker-Gemischen und anderem scheitern, wie ich variantenreich ausprobiert habe. Der grüne Sud war schnell weg, Moos hat sich nicht angesiedelt, dafür roch es streng. Kein Wunder ist das bei Betonmauern, die hohe pH-Werte haben, auf denen viele heimische Moose, die niedrigere pH-Werte brauchen, oft gar nicht gut wachsen können.

Nach meinen Tests und Berichten anderer funktioniert nur das Aufbringen von Moosstücken auf einer leicht bodensauren Matschpampe zum Beispiel aus der nächsten Pfütze des Vertrauens, was dann von Hand an eine luftfeuchte Mauer »gepappt« wird (s. Foto S. 92). Anstelle des Matschgemisches kann ein biologisch abbaubarer Klebstoff für den Außenbereich verwendet werden, mit dem das Muttersubstrat (nie das Moos direkt) auf den Untergrund aufgebracht wird. Auch flache Steine oder Rinden, die mit Moosen bewachsen sind, lassen sich an der Mauer kombinieren. Ähnliches gelingt mit Moosmatten aus dem Handel, die man in Stücke schneidet und damit Bilder auf dem Boden oder an Wänden realisiert. An Wänden ist manchmal eine Aufhängung nötig. Das alles ist zwar kein typisches Graffiti mehr, aber eine bildhafte Gestaltung, die im Ergebnis ein Mauerbild zeigt. Die zwei häufigen und robusten Moosarten *Hypnum cupressiforme* und *Bryum capillare* sind dafür gut geeignet, aber auch andere eher anspruchslose Moose der jeweils nächsten Umgebung funktionieren. Die Haltbarkeit ist oft nicht von langer Dauer, aber zeitweise kann freche Mooskunst entstehen.

Aus Japan und den USA sind Moosmischungen zum Auftragen auf Mauern und Wände recherchierbar, allerdings nur mit nicht-europäischen Moosarten, sodass ich auf Praxistests verzichtet habe, um keine Florenverfälschung zu betreiben.

Bild links: Fairytale Trail, Derrynane Park, Co. Kerry, Irland
Die märchenhafte Atmosphäre von Moosbereichen kann man verstärken, indem man kleine Häuschen ins Moos oder an moosige Wurzelstämme setzt.

Moos als Bühne

Was liegt näher, als Moosgärten auch als Bühne zu nutzen? Ihre besondere Atmosphäre, die berührend grün, frisch, je nach Gestaltung bezaubernd oder märchenhaft ist, lädt gerade dazu ein. Hier ein paar junge Ansätze, die sich gerne vermehren dürfen:

Moos-Jam – Tanzen im Moos: Die kreative Tänzerin Mara Schwarzkopf aus dem Naheland bietet auf bemoostem Rasen (1000 Quadratmeter) Tanzworkshops unter freiem Himmel an: »Freier Tanz für freie Menschen!« Auch Tanzmuffel schweben übers Moos, Könner verbessern sich. Die Luft ist moosrein, der Tanzboden traumhaft. Und jeder Sturz weich: Kullern und Träumen im Moos (s. S. 200).

Moos-Lesungen: In meinem Moosgarten arbeite ich gerne mit Stefanie Kleidt und Wolfang Wobéto, Sprechkünstlern und Schauspielern aus Bad Kreuznach, zusammen (s. S. 200). Der Künstler sitzt mitten im Moos, die Zuschauer um den Moosgarten herum – auch so lässt sich Moos intensiv wahrnehmen. In der Tat wirken Worte im Moosgarten besonders intensiv.

Probieren Sie es selbst: den Moosgarten, wenn er robust ist, als kleine Bühne nutzen, Vorlesen im Moosgarten, Märchen für Kinder oder Gruselgeschichten abends mit Lampe. Denn Sie wissen: Moos ist gut betretbar – und sogar Liegen lässt sich schön darin. Solche Möglichkeiten kann man bereits bei der Gartenplanung berücksichtigen, indem ein besonders robuster, flacher Moosteppich oder eine Bühne gestaltet und integriert wird.

Moos-Spiele *Tatgeber 16*

Viele klassische Spiele lassen sich auch im oder mit Moos realisieren. Spaß und Kreativität eines spielerischen Zugangs lassen uns Moose schöner erleben, wobei hier friedliche und achtsamkeitsfördernde Ansätze angeführt werden und keine bitte zu vermeidenden »Mooskissenschlachten«. Gerne können Sie Ihr eigenes Moos-Spiel erfinden. Basisbedingung: kein Leid dem Moos.

- **Ich sehe was, was Du nicht siehst** – im Moos: Eine Person beschreibt etwas, die andere muss es aufgrund der Beschreibung entdecken. Das fördert bewusstes Sehen im Moos.
- **Kein Moos wie jedes andere:** Pflücken Sie einzelne Moospflänzchen aus einem Polster (Variation für Anfänger: aus verschiedenen Moosarten) und vergleichen Sie diese. Es gibt keine, die völlig identisch sind, irgendeine Krümmung ist jedem eigen. Ein Spieler kann der »Moos-Master« sein. Wessen Moospflänzchen seinem am ähnlichsten ist, wird der nächste »Moos-Master«. (Solche Einzelentnahmen schaden nicht.)
- **Moos-Golf:** Eine Frucht (zum Beispiel Eichel, Zapfen) oder ein anderes Naturobjekt des Ortes wird als »Ball« ins Moos gelegt. Etwas entfernt, im selben Moosplatz, wird eine Kuhle oder Lücke als Ziel definiert (»Loch«). Mit einem Stock soll nach den Regeln des (Mini-)Golfs der »Ball« ins Ziel bugsiert werden. Wer aber Moos verletzt, erhält Strafpunkte oder scheidet aus. Das bedeutet, betont sanft und gefühlvoll abzuschlagen oder vorsichtig mit dem Stock unter den »Ball« zu gehen und ihn zu lüpfen.
- **Moos-Zeichner:** Legen Sie ein Zeichenblatt auf ein Moos(-Polster) und malen Sie mit einem schräg gehaltenen Bleistift oder Buntstift flächig darüber (Vorbild: klassisches Baumrinden-Durchrubbeln). Alternative: Pflücken Sie Moospflänzchen, legen Sie diese auf eine glatte Unterlage und zeichnen oder rubbeln Sie sanft auf einem Zeichenblatt darüber. Das Ergebnis wird ein spannendes Muster oder eine zarte Impression sein. Mitspieler dürfen dem einen Namen geben. Der beste Namen gewinnt.
- **Moos ärgere Dich nicht:** Jedes Polster ist ein Spielfeldkästchen, gegebenenfalls definieren Sie es durch kleine Äste (die Sie hinterher wieder entfernen). Bestimmen Sie ein Ziel, in das Spielfiguren nach mindestens zehn zu überquerenden Kästchen hineinmüssen. Wer als Erster drin ist, gewinnt. Und natürlich muss von vorne beginnen, wer geworfen wurde. Als Spielfiguren dienen Steine, Waldfrüchte oder persönliche Gegenstände. Kein Würfel in der Tasche? Dann suchen Sie vor Ort sechs verschiedene Moospflänzchen und weisen jedem eine Ziffer von 1 bis 6 zu. Halten Sie diese in jeweils unterschiedlicher Reihung in der Hand: Der ziehende Spieler wählt blind und zieht mit seiner Figur die entsprechende Zahl vor.

Bild links: Tanz auf Moos, eine kunstvolle Möglichkeit, Moos zu spüren. Versuchen Sie es einfach mal! Für Ambitionierte bietet zum Beispiel die Tänzerin Mara Schwarzkopf (Bild) Moos-Jams an.

Moose mit-denken

Wie alles sich zum Ganzen webt,
Eins in dem andern wirkt und lebt!

Johann Wolfgang von Goethe,
Faust. Eine Tragödie

Moos in Groß

Naturschutz mit Moos

Das kleine Moos regt an, auf Details zu achten. Zugleich ist es ins große Ganze verwoben: in Evolution, Stoffkreisläufe, Lebensräume. Dem setzen wir mit Moosgärten ein »Denk-mal«, und auch an moosreichen Plätzen in freier Natur kann man geradezu fühlen, »wie alles sich zum Ganzen webt ...«. Mit der Anlage eines Moosgartens haben Sie vielleicht schon einen Beitrag zum Naturschutz, unserer gemeinsamen Überlebensaufgabe, geleistet. Beim Besuch, Genuss und Schutz von Natur-Moosplätzen überall auf der Welt – auch ohne eigenen Garten – sind Sie ebenso damit verbunden.

Wagen wir nun mit Moosen auch einen mutigen Transfer in das umfassendere Spektrum des modernen Naturschutzes mit seinen großen Fragen, mit Gründen und Abgründen, Chancen und Risiken. Es geht um Zusammenhänge, die Moosgärtner und Moosfreunde nicht ignorieren sollten. Denn erst damit wird eigenes Handeln in größere Sinnhaftigkeit gebettet.

Statik oder Dynamik? Gut aus dem Gleichgewicht!

Moosflächen haben etwas scheinbar Dauerhaftes. Blicken wir genau hin, sind sie genauso der Naturbewegung unterworfen wie alles andere. Natur hat eine zentrale Eigenschaft: Sie verändert sich stetig, auch wenn wir das nicht immer sofort wahrnehmen. Organismen kommen und gehen, neue Moosarten wandern ein, mal langsam, mal schnell. Lebensräume ändern sich in zufälligem, oft überraschendem Wechselspiel. Das kann man gerade auch im kleinen Moos erleben und den Blick dafür schärfen.

Überrascht bin ich daher immer wieder, wenn mir in Gesprächen das Wort vom »Gleichgewicht der Natur« begegnet. Woher kommt dieser Gedanke? In alten Lehrbüchern sind »Ökosysteme«, das kann auch ein Moosplatz sein, als abgegrenzte und technisch anmutende Fließdiagramme dargestellt, die nach Gleichgewicht streben und sich mit ein paar Kniffen steuern lassen. Doch diese Ansichten sind längst überholt, weshalb ich das Wort »Ökosystem« gerne vermeide. Viel komplexer, zufälliger, beweglicher ist die Wirklichkeit, alles ist dynamisch: Eine »Biodiversität« als ein eng verflochtenes Netz an Abhängigkeiten der Tiere, Pflanzen und Stoffe ist in stetiger Veränderung. Ein »System« im engen Sinn existiert nicht, auch wenn ich von »Systemfehlern« spreche, wenn Menschen Natur nur wenig begreifen und viel zerstören.

Bild links: Moose bilden Moore und umspielen Feuchtgebiete, sie stützen Bäume und zersetzen morsches Holz. Alles ist mit allem verbunden und alles verändert sich, auch dank Moosen.

Alles fließt!

Ein langfristig stabiles Gleichgewicht gibt es in der Natur nie – auch nicht mit Moos. Wenn wir Moosflächen über Jahre hinweg betrachten, sehen wir Kleinstlebewesen kommen und gehen. Mal gibt es eine Massenvermehrung von Hornmilben, weil in einem vielleicht einzigartigen Zeitfenster günstige Bedingungen auftreten, die die anderen Kleinen dezimieren – ehe sich diese wieder vermehren. Und bevor sich eine Räuber-Beute-Beziehung scheinbar einpendelt, kommt ein Tier, scharrt im Moos und alles ist so richtig durcheinander. Immer entsteht etwas, das naturgemäß an diesen Ort passt. Wie im Kleinen, so im Großen.

Demnach ist es wichtig, nicht nur bestimmte Moosarten an ihrem jetzigen Platz zu schützen, sondern auch Entwicklung, Evolution, zu ermöglichen. Natürliche Prozesse einfach zuzulassen, illustriert das im Naturschutz wichtige Wort »Prozessschutz«, und wenn sich der Mensch als Gestalter zurückzieht, entstünde neue »Wildnis«, die aber gegenüber früheren Wildnissen wohl anders sein wird. »Natur Natur sein lassen«, das ist der Wahlspruch dafür. Hans Bibelriether hat ihn geprägt, der langjährige Leiter der Nationalparkverwaltung Bayerischer Wald – dort, wo Moore Moose heißen. Dieser dynamische Aspekt scheint mir im praktischen Naturschutz immer noch vernachlässigt, obwohl es viele Diskussionen und Veröffentlichungen darüber gibt und sogar antike Quellen herangezogen werden: »Alles fließt, panta rhei«, wusste schon der griechische Philosoph Heraklit. Arten entwickeln sich weiter, in manchen Zeitfenstern sogar recht schnell: So entstehen derzeit offenbar viele Schlafmoos-Unterarten. Manche Zweige sterben natürlicherweise aus, wobei das durch Menschen verursachte Aussterben infolge Lebensraumzerstörungen heute sehr viel schneller ist als die natürliche Rate. Über Co-Evolution eingespielte, engste Beziehungen, zum Beispiel zwischen Bestäuber und Blüte, scheinen stabil, verändern sich aber auch ganz natürlich. Kooperation wird neu ausgehandelt, verbleibt eine Weile, und weiter geht's – oder auch nicht. Moos ist dafür guter Lehrmeister: Es zwingt zu Detailblicken, sieht harmonisch aus, aber mit freiem Moos ist die freie »Anarchie« verbunden, in der zufällige Naturereignisse (»Stochastizität«) ganze Richtungen ändern können, und das auch ganz ohne Menschen.

Weil uns schwerfällt, das zu sehen, und wir Menschen doch gerne eine Übersicht haben, ordnen wir Lebensraumtypen und Pflanzengesellschaften, definieren »Ökosysteme«. In der Landschaft haben wir Wald von Wiese getrennt. Der Waldrand ist unnatürlich schmal geworden, und das alles ist schön auf Karten abgegrenzt. Das hilft uns in unserem Bestreben, zu verstehen, zu ordnen, zu kontrollieren, geht jedoch an der eigentlichen Wirklichkeit vorbei, die aus veränderlichen Übergängen (»Ökotone«) und einem wunderbaren Durcheinander besteht.

Aber auch mir rutschen die Worte »Gleichgewicht« und »Stabilität« heraus, wenn ich zum Ausdruck bringen möchte, dass sich Natur ohne Zutun des Menschen reguliert

Moose und Bäume haben eine innige Beziehung – und knorrige Baumgestalten bieten mit Moos spannende Bilder für die, die genau hinschauen.

und unzählige Verflechtungen bestehen. Den Begriff »Ökosystem« können wir als Hilfsmittel wählen, wenn wir dessen Grenzziehung nicht so ernst nehmen. Schließlich gibt es Gleichgewichte und Stabilität kurzfristig tatsächlich. Langfristig aber sicher nicht.

Leben und lernen wir doch immer wieder mit neuen Blicken im Moos. »Ach wie schön, da wächst ein Moos in das andere, welch schöne neue Grünkombination«, so ähnlich sage ich es oft bei Veränderungen auch im Kleinen: eine Herausforderung für alle Naturdenker! Konkret heißt das für Moosplätze: Lassen wir Zufälle zu und stopfen nicht jede Mooslücke gleich wieder. Lassen wir Raum, dass sich dort von selbst etwas Neues entwickelt. So entstehen Vielfalt, auch Kreativität und neue Ideen.

Mit Natur offen für Neues!

Stellen Sie sich vor, wir hätten vor sagen wir mal 500 Jahren beschlossen, alles so zu schützen und zu lassen, wie es damals war. Vielleicht hätten wir heute viel mehr artenreiche Weidelandschaften und lichte Wälder. Aber einige Lebensräume, die wir heute als wertvoll schützen, wären gar nicht erst entstanden, darunter bunte Mähwiesen, die erst ab dem 18. Jahrhundert stark aufkamen – und heute wieder schwinden.

Es ist für mich seltsam zu erleben, dass ein Großteil des Naturschutzes rückwärtsgewandt ist, sich oft nur am »Was war damals?« orientiert und scheinbaren Idyllen hinterherläuft. Sicher muss man manch Altes erhalten, sage ich mit Überzeugung auch als Museumsbetreiber. Genauso wichtig ist es aber, daneben ganz Neues zuzulassen, wenn es von Natur aus kommt, auch auf zwischenzeitlich menschengeprägten Standorten.

Manch besondere Qualität eines Alten, die oft allein durch vergangene Nutzungsweisen bedingt war und heute aus der Zeit gefallen ist, könnte man vielleicht in modernere Nutzungsweisen oder Naturvorgänge integrieren, so eine große Denkaufgabe.

Zum Beispiel entstanden die moosreichen, flachgründigen, lichten Wälder an Mittelgebirgshängen durch frühere intensive Streunutzung und Bodenauslaugung, die heute niemand mehr macht oder möchte. Aber solche Bereiche könnten auch in naturnäheren Wäldern der Zukunft einen Platz finden: Lichte Randbereiche könnten im Rahmen angepasster Brennholznutzung entwickelt werden, in Wildniswäldern kann auf lichte Phasen vertraut werden, die nach Naturereignissen von selbst immer wieder entstehen, zum Beispiel nach Windwurf. Moose finden dank ihrer Sporen sicher den Weg dorthin. Auch die mächtigen Bodenmoose heutiger naturferner Fichtenbestände können in anderen Lebensräumen weiterleben, wenn die Nadelforste verschwänden, zum Beispiel an dunklen Felshängen naturnaher Laubwälder.

Moose in Bewegung – Begriffe der Dynamik! *Moos-Wissen-Blickpunkt 15*

»Selbstbemoosung« und **»Eigenbemoosung«** sind von mir konstruierte Begriffe. Gemeint ist damit die natürliche Besiedlung von Flächen durch Moose ohne Zutun eines Menschen. So werden Bodenflächen, aber auch Rinden, Äste und Steine von alleine bemoost, wenn Standort und Klima passen. Denn Moossporen sind ständig in der Luft, Moosfragmente werden von Tieren verbreitet, sie können geeignete Substrate erreichen und dort keimen. Moose sind in diesem Sinne hoch mobil. Keinesfalls ist eine »Eigenbemoosung« des Autors, der Leserin oder des Lesers gemeint, wenn er oder sie zu lange am Buch oder im Moos sitzt. Die gibt es nur in Träumen, wobei jene mit Moos sehr schön sein können.

Mit Eigenbemoosungen ist das Naturprinzip der **dynamischen Sukzession** verbunden: eine idealisierte natürliche Abfolge von Vegetationszuständen, die sich ausgehend von Rohböden von selbst zu einem Endstadium, dem **Klimaxstadium**, entwickeln, welches zumeist ein Wald ist. Manche Moosarten spielen als **Pionierpflanzen** am Anfang der Abfolge eine Rolle, weil sie den Boden vorbereiten (Pionier). Andere regulieren in weiteren Sukzessionsphasen und im Klimax Wasser- und Nährstoffhaushalt mit.

Das Klimaxstadium ist seinerseits dynamisch, weil natürliche(!) Störungen (Windwurf, Schneebruch, Baumtod und Baumzerfall, Feuer, Überflutung, Insektenfraß) auf Teilflächen immer wieder in lichtere Sukzessionsstadien führen und maßgeblich die Vielfalt bestimmen. Weil diese zufällig in Zeit und Raum geschehen, spricht man von **Stochastizität** (Zufallskraft) als Triebkraft in natürlichen Lebensräumen. Natur verändert sich fortwährend, teils langsam, fallweise chaotisch.

Natürliche Zerfallsphasen von Bäumen gehören dazu und enthalten darin eine hohe natürliche Artenvielfalt. Moose können auf Störungen durch relativ schnelle Besiedlung reagieren, manche sind an bestimmte Phasen und deren Strukturen angepasst. Bei kleineren Lücken, zum Beispiel in Gras-Lebensräumen oder Moos-Lebensräumen, spricht man von **patch dynamics** (Lückendynamik), in Wäldern wird das teils größer als **Mosaik-Zyklus** beschrieben.

Prozessschutz (im Sinne des Naturschutzes) heißt, solche und alle von selbst ablaufenden Vorgänge zuzulassen, auch auf früher nutzungsgeprägten Standorten. Ergebnis ist **»Wildnis«**, ein Begriff, der hier für die Abwesenheit jeder forst- und landwirtschaftlichen Nutzung steht. Der Mensch nutzt und gestaltet solche Flächen nicht mehr aktiv, kann sie aber sanft betreten. Es gibt weder Ziele noch historische Leitbilder oder angestrebte Zustände, ihr Wesen ist völlige Offenheit – auch für ganz Neues.

Die wilde Sukzession!

Beeindruckt hat mich die unglaubliche Dynamik und Kraft der Natur in meiner Zeit als Wissenschaftler in Leipzig und den aufgelassenen Braunkohlegroßtagebauen in Mittel- und Ostdeutschland in den 1990er-Jahren. Wurde nichts gestaltet oder rekultiviert, entstanden in diesen falsch als »Mondlandschaften« verschrienen Räumen von selbst ganz neue Lebensraumkombinationen, in denen Sukzessionen und Pflanzengesellschaften oft nicht mehr mit Beschreibungen aus Lehrbüchern übereinstimmten.

Bild links: Felsbereiche im Wald sind wahre Moosparadiese mit hoher Kleinlebensraumvielfalt, von der viele Tiere profitieren. Und wir von spannenden Blickwinkeln. Treten Sie näher!

Ich lief über chaotisch anmutende Abraumhalden, durch grandiose Erosionsrinnen, kämpfte mich wie ein Erstentdecker durch anarchische Sukzessionswälder, teils auch amphibische Landschaften. Vielerorts stolperte ich über Moose, die ich gar nicht erwartet hatte. Sie wuchsen zunächst klein auf nacktem Rohboden, bereiteten diesen vor, wuchsen an den ersten Bäumen, an Steinen – und wurden immer mehr, schon kurz nachdem die Luftverschmutzung der untergegangenen DDR zurückging. Dort, in diesem seltsamen Abenteuerraum mitten in Europa, entwickelte sich auf Industriebrachen neues Leben. Bizarre und hoch wertvolle Landschaften mit seltensten Arten entstanden, die wegen ihrer Strukturvielfalt und Nährstoffarmut bald zu den naturschutzfachlich wertvollsten Räumen Deutschlands gezählt wurden – solange sie ungestaltet blieben. Das ist sicher kein Argument, durch Braunkohleabbau oder was auch immer Landschaften brutal zu zerstören, aber sehr wohl eine dringende Aufforderung, auf schon entstandenen Brachen nicht alles neu zu gestalten, sondern der Natur ihren Lauf zu lassen.

Heute ist mein damaliges Abenteuerland aufgeräumt: Es gibt die glänzende Leipziger Seenplatte, geordnete Landschaften, angelegte Wälder, besser gesagt Forste. Und doch gibt es ein paar wilde Ecken, die sich weiterentwickeln: Halde Trages, Insel Espenhain, Restloch Kahnsdorf, Teile des Tagebaues Bockwitz. Das sind bedeutende Naturschätze, auch Moosschätze.

Es kommt auf beides an: auf gestaltete Räume für Menschen und naturverträgliche Landnutzung sowie im selben Großraum – viel mehr als zuvor gedacht – auf ungestaltete neue Wildnis: Sie ist letztlich genauso wichtig für Menschen, weil erst dadurch Neues in der Natur entstehen kann. Eine Freiheit, heute nicht alles vorzubestimmen, was für die von morgen zu sein hat, steht für mich in Einklang mit einer Natur der Zukunft. Immer sind Moose an Naturentwicklung beteiligt, oft mit Steuerfunktion, indem sie Boden vorbereiten oder Wasser bereitstellen. In reiferen Lebensräumen stützen sie dann die Wälder. Nicht zuletzt sind ungestaltete Landschaften ein Eldorado für Moosarten, die in der Kulturlandschaft seltener oder ganz verschwunden sind.

Mehr neue Wildnis, auch für Moose!

Die wahre Herausforderung ist, zu entscheiden, wo etwas schon bekannt Schützenswertes unbedingt erhalten werden soll und auf welcher Fläche auch im dicht besiedelten Europa »neue Natur« entstehen darf. Das eine ergänzt das andere. Letztlich wird angesichts der vielfältigen Nutzungs- und Zielansprüche zwar immer nur ein kleiner Teil Mitteleuropas wild sein oder werden können, zumindest solange wie es hier viele Menschen gibt, aber mehr als die heutigen 1,5 Prozent müssen es wohl schon sein. Die offizielle deutsche Biodiversitätsstrategie von 2007 träumt von 10 bis 15 Prozent, ich träume mit. Naturschutz braucht Offenheit und Mut.

Ein Moosplatz kann Modell für beides sein, für Erhaltung und Neuentwicklung. Wann aber ist eine natürliche Veränderung eine nicht hinnehmbare Zerstörung?

Natur zerstört sich selbst nicht, so meine ich, auch wenn manche Wildpflanzen und Wildtiere andere verdrängen. Es sind manche (nicht alle!) menschlichen Handlungen, die eine Zerstörung bedeuten. Welche aber genau? Auch das ist schwierig und nur von Fall zu Fall zu entscheiden. Wenn an einer Stelle etwas verschwindet, das Gleiche aber an sehr vielen anderen Stellen noch da ist und von der verlorenen Stelle nicht maßgeblich abhängt, scheint es mir unproblematisch. Und auch durch Menschenwerk und Kulturtechniken können neue wertvolle Zustände und Lebensräume entstehen, so wie es die heute artenreichen Magerrasen oft in extensiven Beweidungssystemen seit dem Mittelalter waren, auf die sich auch manche Moosarten spezialisiert haben.

Wenn aber unnatürliche Eintönigkeit (»Monotonisierung«), ein zu großer Verbau einst unverbauter Räume oder gar Gifteinträge und Stickstoffüberfluss hinzukommen, so ist echte Zerstörung sicher erreicht. Wenn nur noch Allerweltsmoose wachsen und zu viele Spezialisten eingehen, ist das keine natürliche Veränderung mehr. Der Übergang zwischen Veränderung und Zerstörung ist aber fließend und immer wieder neu zu durchdenken.

Konkret rege ich für alle weitsichtigen Moosgärtner an: Definieren Sie Bereiche, in denen Sie bestimmte Lieblingsbilder und Moosaspekte fördern, und andere Bereiche, in denen es freier zugehen darf. Aus unterschiedlichen Teilen wird ein gutes Ganzes, wenigstens im Kleinen.

Lückendynamik für den Moosgarten! *Tatgeber 17*

In der dynamischen Natur sind natürliche Störungen, die offene Bodenstellen schaffen, wichtig. Sie bieten Raum für neue Entwicklung. Man kann das unterdrücken, indem man in Lücken neues Moos einbringt. Um aber im Natur-Moosgarten eine angepasste Vielfalt, spannende Überraschungen und immer mal Neues zuzulassen, können Sie Störstellen selbst erschaffen, wenn Sie sonst keine haben.

Das heißt, kleine Stellen (0,1 bis 1 m^2) freilegen, indem Moosstücke entfernt und versetzt werden. Auch können neue Steine oder Naturstrukturen wie Äste eingebracht, andere entfernt werden. Damit simulieren Sie das Naturprinzip der patch dynamics (Lückendynamik), also kleiner wechselnder Mosaike, die in der Natur durch Tiere oder Rutschungen entstehen. Manchmal schließen sich die Lücken durch benachbartes oder neu ankommendes Moos, und manchmal gibt es Überraschungen, die Sie zeitweise belassen können und die den Moosgarten aufwerten.

Das zusammenhängende grüne Erscheinungsbild als Hauptaspekt eines Moosgartens wird durch kleine Lücken sicher nicht gestört. Neben veränderlichen Flächen sollte es aber auch solche geben, die längerfristig ungestört bleiben, sodass Habitat-Kontinuität gewährleistet ist.

Haubenmeise auf moosbewachsenem Ast: Süßer die Vögel nie sitzen.

Grünes Gold – der wahre Wert!

Bereits im »moosigen Geleit« am Anfang des Buches deute ich einen Wert von Moosen an: Ohne Moos nichts los – grünes Geld? Waren Sie am Anfang vielleicht überrascht, so ist Ihnen jetzt, liebe Leserin, lieber Leser, sicher klar: Moos ist hoch wertvoll, wenn man seine Funktionen berücksichtigt. Moosplätze sind Schatzkammern, und ein Moosgarten, noch dazu ein liebevoll gestalteter, ist quasi eine Schatzkiste.

Natur mit Geldwerten zu vergleichen, ist ein relativ neuer Trend im Naturschutz. Dazu wurde in den 2000er-Jahren als große Grundlagenarbeit die weltweite »TEEB-Studie« angefertigt: Leistungen von Naturgütern werden in monetären Werten, also in Geld ausgedrückt. Darauf aufbauend ist der Begriff »Ökosystemdienstleistung« ein wichtiges Wort im Naturschutz geworden, um den Wert der Natur bei Entscheidungen besser zu gewichten.

Wie viel Geld ist beispielsweise ein singender Vogel wert, der vom Aussterben bewahrt wird, damit sich Menschen daran erfreuen können? Ermittelt werden kann das vielleicht an der durchschnittlichen Zahlungsbereitschaft für Vogelgesang oder an Tourismusabgaben. Wie viel Wert hat der Vogel als Samenverbreiter, damit sich

Wälder verjüngen können, eine natürliche Ökosystemdienstleistung? Gegenrechnen könnte man hier Material und Arbeitszeit von Förstern. Wie viel kostet eine aufwendige Wasseraufbereitung, die ein naturnaher Wildfluss – mit Moosen am Ufer – von alleine leistet? Und so kann man auch fragen: Wie viel Wert hat Moos als Luftreiniger und Klimaverbesserer an einem Ort, müsste man diese Leistungen mit technischen Anlagen ersetzen, die aber nie so perfekt sein könnten?

Würde man konkrete Werte zugrunde legen, könnte ein 500 Quadratmeter großer Moosgarten, der pro Tag 1000 Kubikmeter Luft reinigt, ganz simpel gerechnet, mit »Lebensraum-Bonus-Pauschale« pro Jahr vielleicht 50 000 Euro wert sein. Das ist sicher ein Sonderangebot, weil Sie es sind, liebe Leserin, lieber Leser. Je nach Zwischenschritten und Gewichtungen, die transparent sein müssen, kommen auch andere Zahlen heraus, in jedem Fall ein hoher Betrag, den man gemeinhin wohl nicht bedacht hätte.

Auf solche Art kann Entscheidern klar werden, welche Werte der Natur sie auch berücksichtigen müssen. Möglicherweise fällt eine Entscheidung oder Planvariante dann anders aus, so hoffen Naturschützer, weil Natur mehr (geld-)wert ist als ein zerstörerischer Eingriff. Und vielleicht ist das chancenreicher, als bei Natur und Moos nur von »schön«, »wichtig«, »repräsentativ« oder »gefährdet« zu reden.

Moos »ohn Warum«!

Allerdings zahlt Natur nicht cash und schon gar nicht schnell, eine Firma in Form ihrer Gewerbesteuer aber schon. So bin ich oft bei Bürgermeistern gescheitert, wenn ich vorgerechnet habe, wie wertvoll ihre naturnahe Landschaft ist. Brachte ich Moos ins Spiel, wurde ich schon gar nicht mehr ernst genommen. Entschieden haben sie sich meist doch für die billigste und oft am stärksten zerstörerische Variante eines weiteren Gewerbegebietes, einer Straße oder ähnlicher Eingriffe, die direkt Geld bringen, obwohl es verträglichere Lagen und Alternativen gegeben hätte. Nicht, dass ich weltfremd wirtschaftliche Weiterentwicklungen ablehne, aber die letzten Naturfreiräume an ein immer maßloseres Zubauen zu verlieren, anstatt Maß zu halten, ist schmerzhaft und ein unermesslicher Werteverlust. Die kurzfristige Aussicht auf »einfach machen« und auf »cash« schlägt allzu oft abstrakte langfristige Werte.

Inzwischen bin ich sehr kritisch gegenüber der Geldwertsetzung von Ökosystemdienstleistungen. Und Moose, die oft schwer als wertvoll zu vermitteln sind, es aber doch sind, mahnen mich daran. Auf den Eigenwert und das Eigenrecht der Natur kommt es an. Eine Wildblume ist auch einfach mal schön. Auch Moos darf einfach schönes Moos sein, ohne all die vorteilhaften Eigenschaften zu nennen: »ohn Warum«, wie der Arzt Angelus Silesius im 17. Jahrhundert in seinem berühmten Gedicht über das Blühen einer Rose schrieb, wie lange zuvor um 1300 Meister Eckhard »sunder warumbe« (mittelhochdeutsch: »ohne Warum«) als Ausdruck von Mystik ohne

Nützlichkeitsdenken bekannt machte, und wie darauf aufbauend Liedermacher Konstantin Wecker 2015 ein Album und Lied »Ohne Warum« veröffentlich hat. Und auch der berühmte Albert Schweitzer stellte im 20. Jahrhundert den Eigenwert von Natur in das Zentrum seiner »Ethik von der Ehrfurcht für das Leben«. Sie alle stellten sich in ihrer Zeit gegen einen Zeitgeist des nur auf Nützlichkeit und Gewinn blickenden Menschen. Ist auch Moos »ohne Warum«? Zumindest halte ich diese Ebene für unersetzlich, will man Natur und mit ihr die Menschlichkeit umfassend schützen.

Wo bleibt die Moos-Liebe?

Vielleicht sollten wir anstelle von Geldwertberechnungen für Natur im Moos eher eine Art »grüne, weiche Liebe« sehen und vermitteln. Wie aber kann man Moos lieben lernen? Wo ich nur kann, zeige ich die Schönheit, rege die Sinne an, lasse die Eigenart der Natur erleben. Gerne vermittle ich Wissen und Zusammenhänge. Wo, wenn nicht an Moosplätzen, ginge das überschaubarer, ästhetischer, beispielhafter, anregender – egal, ob in Natur oder im eigenen Garten? In Naturschutzdiskussionen streiten verschiedene Sichtweisen miteinander: Wirtschaft mit Ethik, Geldwert mit Eigenwert – Verstand mit Gefühl? Ergebnis offen. Am Boden liegt das Moos. Wäre aber ein Gefühl und das Wissen um die Eingebundenheit in Natur nicht der bessere Verstand?

So finde ich es wichtig, alle Betrachtungsweisen heranzuziehen und zu kombinieren, weil Menschen und Entscheider verschieden sind. Manchmal kommt man anhand von Geldwertbegründungen schon mal für Naturschutz voran. Sicher ist aber auch: Eine Reduktion von Naturfunktionen allein auf Geldwerte führt in die Irre.

Konkret können Sie solche Denkansätze in Ihrem Moosgarten oder an einem romantischen Natur-Moosplatz durchdenken: ein kreativer Schauraum, der Menschen anregen kann und Schönheit vermittelt. Unbezahlbar.

Moos mit allen Sinnen *Tatgeber 18*

Moos kann für uns Menschen etwas sehr Sinnliches sein: Auf S. 25 lesen Sie etwas über das Tasten, auf S. 67 etwas über das bewusste Sehen. Bleiben noch drei Sinne:

- Riechen: Zerreiben Sie Moos und riechen Sie daran, am besten mit geschlossenen Augen, weil Sie es dann intensiver wahrnehmen: ein zumeist würziger, erdiger Geruch.
- Hören: Moose geben keine Geräusche von sich. Aber an stillen Moosplätzen lassen sich Töne der Natur besonders schön wahrnehmen: ins Moos setzen, Augen zu, Kopf nahe dem Moos und hören, was abwechselnd aus der Nähe und Ferne ankommt.
- Schmecken: Vom Moos-Verzehr rate ich ab (s. S. 50). Das »Anlutschen« eines (sauberen) Mooses ist jedoch ein gut saures und unproblematisches Erlebnis.

Bemooste Äste an luftfeuchten Standorten sehen märchenhaft aus. An ihnen wächst eine dynamische Lebensgemeinschaft aus Moosen, Farnen, Flechten und Pilzen (Breitachklamm bei Oberstdorf, Allgäu).

Moose in Gefahr!?

In Mitteleuropa sind 30 bis 40 Prozent der Moosarten gefährdet. Das ist viel, bedenkt man, dass Moose Flächen schnell besiedeln. Allerdings dominieren oft die robusten Moose, die durch ihre Anpassungsfähigkeit nicht gefährdet sind. Daneben gibt es viele Spezialisten: auf bestimmtem Gestein, sehr alten Bäumen, auf extensiven Wiesen und Weiden, in moorigen Lebensräumen sowie auf kaum noch vorhandenen Stoppeläckern. Diese Spezialisten machen die große Artenzahl aus – ihre Lebensräume schwinden aber.

Mehr urwaldartige Refugien für Epiphyten!

Sorgen muss man sich um einige der epiphytischen Moose, die an sehr alte Bäume und reine Luft gebunden sind. Ganz alte und zerfallende Bäume gibt es trotz zunehmend naturnäherem Waldbau in Europa wenig. Wichtig sind auch deshalb Wildniszonen: Ermöglichen wir krumme, bucklige »Elfenwälder« auch bei uns, an Hängen und in Schluchten, aber auch in feuchten Bereichen wie Schatthängen im scheinbar normalen Wald, der viel zu oft zum Holzacker verkommen ist.

Sammeleinschränkungen?

Zum einfachsten Schutz gehört immer auch, der Natur keine seltenen und gefährdeten Moose zu entnehmen (s. S. 102). Die heimischen Moose sind aber weniger durch direkte Entnahme bedroht, auch kaum infolge von Streifzügen durch Wald und Flur abseits der Wege. Sammler und Naturkundler waren in der Geschichte selten der entscheidende Einfluss, der etwas zum Aussterben gebracht hat. Im Gegenteil: Naturkontakte, Naturfreude, Forschung dienen der Würdigung der Naturgüter und letztlich ihrem Schutz. Demnach sind einige Verbote zum Sammeln und Betreten übertrieben. Je weniger Kontakte Menschen mit echter Natur haben, desto mehr greifen mangelnde Kenntnis und Wertschätzung, ja Naturentfremdung um sich. Eingriffe und Zerstörungen werden weniger gesehen, Verluste gar nicht mehr breit erkannt.

Insbesondere an stark frequentierten Orten sind Einschränkungen aber auch nötig, weil zu viele Störungen zu vieler Menschen auf kleinem Raum wirklich zu viel sind. Auch gibt es nicht wenige »Trampeltiere«, die Brutgebiete oder empfindliche Flächen zur falschen Zeit durchqueren, Eier zertreten, Pflanzen ausreißen, Moose sinnlos zerstören – mit beträchtlichem Schaden. Es ist schwierig, die gute Mitte zwischen notwendigem Verbot und wichtigem freiheitlichen Naturgenuss zu finden, wie Sie auch für Ihren Moosplatz überlegen dürfen, der begeistern soll, ohne überlastet zu werden.

Die wirklichen Zerstörungen!

Die großen Zerstörungen von Natur geschehen durch das fortwährende Beseitigen oder Entwerten der Lebensräume – oft durch (Schein-)Verträglichkeitsprüfungen gesetzlich legalisiert. Und gerade bei Moosen beobachte ich oft schmerzverzerrt, wie aus Pflegeabsicht oder Ordnungsliebe in vielen Gemeinden sogar große Moosbestände sinnlos entfernt werden, darunter auch gefährdete Arten. Dagegen ist jeder Moossammler in seiner Wirkung fast bedeutungslos.

Vermeintlich unaufgeräumte Ecken werden geräumt, Natursteine entfernt, alte Mauern gereinigt, Bäume dürfen nicht altern oder natürlich absterben, was für viele Moose so wichtig wäre. Wenn Sie den guten Moosblick entwickelt haben, werden Sie mehr auf solch wertvolle Stellen achten und ihre Beseitigung zu verhindern suchen.

Moosschutz ist Lebensraumschutz mit Dynamik

Demnach gibt es vor allem drei zentrale Punkte, um Moose wirkungsvoll zu schützen: 1. Lebensraumschutz. 2. Lebensraumschutz. 3. Lebensraumschutz. Und wenn wie oben aufgezeigt sowohl einige jetzige wertvolle Standorte erhalten werden als auch Offenheit für dynamische Neuentwicklungen (neue Wildnis) auf unterschiedlichen

Wasserfälle und ihre Spritzwasserbereiche sind Paradiese für Moose, gerade wenn sonst noch nichts grünt. Hier der Klidinger Wasserfall im Vorfrühling (Südeifel, Rheinland-Pfalz).

Flächen desselben Großraumes ermöglicht wird, hätten wir das gesamte Spektrum abgedeckt. Seltene Arten der jeweiligen Region können einfach gefördert werden, indem man ihnen Substrat anbietet – und wartet, bis sie über die Luft von selbst kommen. Dass Steine und Hölzer der natürlichen Umgebung in den Moosgarten eingebracht werden sollten, lässt sich nicht genug betonen. Moossporen sind zwar nicht ewig haltbar, können aber schon einige Jahre und Jahrzehnte keimfähig ausharren, im Boden oder in der Luft. Es kann auch dann lohnend sein, moosfreundliche Standorte anzubieten und Lebensräume sich entwickeln zu lassen, wenn man kaum mehr Hoffnung hat. Durch Bestimmungsbücher und Verbreitungswerke können Sie sich gut darauf einstellen, welches Moos bei Ihnen Chancen hat und was es braucht.

Auf den nächsten zwei Seiten stelle ich die wichtigsten Lebensräume, Probleme und hilfreiche Taten für Moose zusammen. So wird deutlich, dass Moosschutz eng mit einem umfassenderen Naturschutz und seinen größeren Strategien verknüpft sein muss. Um beispielsweise mehr extensives Grünland zu ermöglichen, muss auch die Agrarpolitik gesehen werden. Um moosgeeignete Ufer zu erhalten, ist die Auendynamik zu betrachten. Vom Kleinen ins Große – und im Großen auch das Kleine beachten, nur dann funktionieren Naturschutz und unser Leben.

Naturschutz mit Moos

Lebensraum für Moose	Probleme	
Wald (und Flur): • alte Bäume / Totholz im Schatten • alte Bäume / Totholz im Licht	• Zu wenige und zu kleine Flächen, zu wenig Wildnis, natürlich sterbende Bäume werden zu wenig zugelassen. • Alte, lichte Hutewälder und Kulturwälder verschatten. Alte Einzelbäume werden wegen ihrer Gefahrenwirkung entnommen.	
Agrarraum: • Stoppeläcker und Brachen (Ackermoose: Deren Sporen sind an ein Überdauern im Boden angepasst, sie brauchen aber von Zeit zu Zeit passende Wuchsbedingungen.) • extensive Wiesen (viele seltene Bodenmoose) • extensive Weiden (viele seltene Bodenmoose) • Weinberge (spezialisierte Bodenmoose an weniger befahrenen, lückigeren Bodenstellen, einige Epiphyten auf älteren Rebstöcken)	• Stoppeläcker sind oft nicht mehr zeitgemäß, nur wenige Brachen, zu intensive Landwirtschaft. • Intensivierungen, Aufdüngung, Gülle = Moostod • hoher Viehbesatz, Mulchen – oder Verbuschung • Düngung, Pestizide oder durchgehende Begrünung	
Hecken, Waldränder, alle Gebüsche	Rückgang, zu häufiger Rückschnitt und falsch verstandene Ordnung; Anpflanzung nicht heimischer Gehölze; zu wenig alte Bäume	
Überall: • offene Bodenstellen, besonders auf nährstoffarmen Substraten • Rutschungen, neue offene Bodenstellen • Findlinge, Felsen, Steine • Wegränder	• Flächendeckende »ordentliche« Begrünung und Ansaaten, Düngung fördert konkurrenzstärkere Arten gegen Moos und gegen seltene Magerpflanzen. • »In Ordnung bringen«!? • ... werden teils entfernt, beseitigt, aufgeräumt, sauber gemacht. • Zu viel Ordnung und Versiegelung (Asphaltierung) zerstören Moose.	
Stillgewässer, Tümpel: Uferbereiche	unterbundene Dynamik, Lehmmangel	
Fließgewässer: dynamische Ufer	Verbau, intensive Gewässerunterhaltung, Aufräumen	
Moore, sumpfige Stellen	Entwässerung, Torfabbau, Eingriffe aller Art	
Haus, Stadt, Siedlung: • Ziegel, Holzzäune, Mauern, Gehwege, Randstreifen • Natursteinmauern • Gärten, Parks	• Moos wird entfernt durch »Saubermachen« und »Ordnung schaffen«. • Betonmauern, Moosentfernung von Mauern • Moose im Garten? Missverständnisse, Vorurteile, »Ordnung schaffen«	

Lösungsstrategien / Tu was!
• Alte Bäume belassen und in Ruhe zerfallen lassen! Engagement und Toleranz für – auch mehr – (neue) Wildnis. • Größere Wildnisbereiche einrichten, sodass in ihnen naturgemäß immer wieder lichte Stellen entstehen, zudem in Wirtschaftswäldern lichte Bereiche zulassen – und darin alte Bäume belassen. Hutewälder / extensive Waldweide. Einzelbäume in der Flur abseits der Wege ohne Eingriffe sterben lassen (und neue zulassen oder pflanzen, die dort alt werden dürfen).
• Zumindest ein paar Äcker erst im Spätherbst umbrechen, dort Moose zulassen. Mehr Brachen zulassen, auch Kurzzeitbrachen, die zeitlich räumlich wechseln können. Randstreifen belassen (zeitweise ungenutzt oder nur extensiv genutzt). Auf Herbizide verzichten. • Wiese: nur ein, maximal zwei Schnitte im Jahr. Mahdgut nach wenigen Tagen abfahren: Samenausschüttung daraus ermöglichen (erste Tage liegen lassen), dann aber Nährstoffanreicherung und längere Moosbedeckung vermeiden. • Weide: geringe »extensive« Besatzdichte. Nicht mulchen! Moose und Flechten können Mulchmaterial und Streugut kaum durchwachsen. Möglichst keine oder wenig Düngung, und wenn, dann mit Mist, keine Gülle. • Offene Bodenstellen belassen. Moos-Epiphyten auf Rebstöcken, Zäunen und Steinen nicht entfernen.
Hecken und Säume verschiedener Ausgestaltung: in ihnen auch alte Bäume zulassen. Lückige, dynamische Wald-Offenland-Übergänge mit offenen Bodenstellen, nur heimische Gehölze einbringen.
• Bei Begrünungen aller Art, im Garten, an Straßen und Äckern, wenigstens kleine, offene Stellen ohne Ansaat belassen. • Keine Düngung, wo immer es geht! • Rutschungen, Rohböden und »Unordnung« zulassen. Auf Pionierstandorte sind manche Moose angewiesen: ein wertvoller, hoch dynamischer Lebensraum. • Steinmaterial einfach belassen. Unaufgeräumte »Würfe« zulassen. • An Wegrändern Moose nicht in großem Stil abräumen. Wegebau: durchlässige mineralische Materialien aus der Region anstelle Versiegelung Kompromiss: unversiegelter Mittelstreifen
Zeitweises Trockenfallen der Ufer und Verlandungsprozesse ermöglichen. Bei Neuanlage auch lehmige Uferpartien, nicht nur (relativ moosfeindliche) Kiese; kein Dränieren und Verfüllen!
freie Fließgewässerdynamik. Renaturierung
Intakte Moore unangetastet lassen, beeinträchtigte Moore betont vorsichtig renaturieren. Sumpfige Stellen überall, auch an Wegen, zulassen.
• Keine Moosentfernung auf Ziegeln und Dächern! Holzzäune ohne Imprägnierung und (Naturstein-)Mauern, die sich bemoosen dürfen, statt anderer Zäune bauen. Moos überall belassen, wo es keine Rutschgefahr gibt. Moos als Stadtgrün akzeptieren und fördern. • Natursteinmauern: lückig anlegen oder erhalten, keine Moosentfernung • Ihr Natur-Moosgarten – dieses Buch: Ihre eigene Kombination aus oben genannten Aspekten, vor allem schattenliebende Bodenmoose, Flächen und Steine zur Selbstbemoosung, heimische (alte) Bäume, Natursteinmauern

Moos-Moor-Schutz

Die Worte »Moor« und »Moos« ähneln sich. In vielen Gegenden meint »Moos« ein Moor: in Bayern zum Beispiel das Dachauer Moos, Murnauer Moos, Zeitelmoos. Im Schweizerischen Kanton Luzern gibt es sogar ein Altmoos, das am Hallwilersee das größte Flachmoor im Kanton bildet. Während ich mich als gleichnamiger Autor oft an den Hallwilersee träume, ist der Name »Moos« für Moor nicht zufällig. Denn Moose, vor allem Torfmoose, bilden und steuern Torf und Moore. Moore und Moose ergeben Klimaschutz: Stück für Stück, Polster für Polster – auch für uns.

Moose – Klimaschutz ganz natürlich!

Um es gleich zu sagen: Im heimischen Moosgarten rettet sicher keiner das Weltklima. Aber man symbolisiert, wie es gehen könnte. Und sorgt bei sich für ein angenehmes Mikroklima. Moose im eigenen Garten erinnern daran, dass Moos anderenorts viel größer ist. In den ausgedehnten Mooren der Nordhalbkugel, sofern man ihnen nicht schon den Garaus gemacht hat, bilden besonders die Torfmoose mächtige Torflager.

Genau diese sind neben Algen und Phytoplankton in den Ozeanen, den tropischen Regenwäldern und anderen naturnahen Wäldern die wichtigsten Kohlenstoffsenken der Erde. Zwar sind nur 2 bis 3 Pozent der Landfläche von Mooren bedeckt. Aber allein diese speichern mindestens so viel Kohlenstoffdioxid wie alle Wälder der Erde zusammen. In ihnen sind 20 bis 30 Prozent der gesamten Kohlenstoffvorräte aller Böden des Planeten gebunden. Würde diese Kohlenstoffmenge freigesetzt, entspräche es 40 bis 60 Prozent des aktuellen Kohlenstoffdioxidgehaltes der Atmosphäre. Zudem binden Torfe beträchtliche Mengen an Phosphor und Stickstoff.[12] Und immerhin mindestens 10 Prozent aller Süßwasserreserven sind in den Mooren mit ihren Moosen gebunden.

Moore zu schützen, heißt Moose zu schützen, heißt Klima und Wasser zu schützen – gemeinsam mit Waldschutz und Meeresschutz Teil eines umfassenden Naturschutzes. Es ist ein weltweites Drama, wie viel Moorfläche schon zerstört ist. Aber Vorsicht bei Renaturierung: abgeräumte Torfflächen nicht fluten, sondern schrittweise, je nach Standort, unter oberflächiger Entfernung der zerstörten Torfschicht langsam neues Mooswachstum fördern. Andernfalls werden zunächst viel mehr Methan, Phosphor und Kohlenstoffdioxid freigesetzt.[12] Torfmoose sind also kleine Sensibelchen, die bei falscher Behandlung mit Klima-Rache drohen, bei korrektem Umgang aber unsere Riesenhelfer sind.

Der Wert der Vielfalt bedeutet nicht hohe Artenzahl um jeden Preis

Im Naturschutz ist es ein verbreiteter Irrtum, dass eine möglichst hohe Artenzahl anzustreben sei. Richtig ist, dass es auf die natürliche Eigenart von Landschaften ankommt, die mal artenreicher, mal artenärmer sein kann. In Island mit seiner grandiosen Natur sind zum Beispiel »nur« 568 Moosarten nachgewiesen und nur wenige davon bilden die großen Moosflächen als wertvolle Lebensräume. Im sehr viel kleineren Luxemburg gibt es eine etwas größere Moosartenvielfalt (578 Arten), die oft nur relativ kleine Flächen einnimmt, davon aber einige in naturnahen Wäldern. Das eine ist nicht besser als das andere. So gehören Moore natürlicherweise zu den artenärmsten Lebensräumen der Erde – und sind doch so zentral wichtig, dank der dortigen Moose. Eine höhere Artenzahl deutet hier meist auf eine Zerstörung des Moores hin.

Konkret gilt es daher, für einen Moosgarten keine Jagd auf Seltenheiten oder eine hohe Artenzahl zu machen, sondern die natürliche Eigenart und Funktion des Ortes als »schützenswert« zu erkennen, den »genius loci« zu finden (s. S. 75). Dieser darf sich auch mal verändern. Alle natürlich kommenden Moose sind wertvoll.

Bild links: Torfmoose bilden Moore. Sie können nicht nur enorme Mengen Wasser speichern, sondern auch Kohlenstoffdioxid binden. Klimaschutz perfekt!

Heimisch oder fremd? Moose sehen es gelassen

Unter Naturschützern wird leidenschaftlich die »Neobiota-Diskussion« geführt: Neobiota sind Neubürger, entweder Tiere (Neozoen) oder Pflanzen (Neophyten), die bisher an einer Stelle nicht heimisch waren, fallweise »invasiv« sind, sich also besonders schnell ausbreiten. Entweder kamen sie von selbst, wurden vom Menschen verschleppt oder eingebracht. Es heißt, dass invasive Neubürger heimische Arten verdrängen können. Dafür gibt es besonders in Insellebensräumen weltweit Belege, aber es wird auch viel übertrieben, und gerade im natürlicherweise nicht isolierten Durchgangskontinent Europa sind echte Verdrängungen selten – oder als Teil der dynamischen Natur anzusehen. Eine Bekämpfung richtet oft mehr Schaden an, als dass sie nutzt, ist teilweise sinnlos und ohnehin großflächig zum Scheitern verurteilt, während neue, interessante Entwicklungen verhindert werden, wie auch Fred Pearce in seinem wichtigen Buch »Die neuen Wilden« (2016) hervorragend zusammengestellt hat. Neobiota sind (fast) nie das Problem und lassen (fast) nie Arten aussterben! Neue Bakterien und Krankheitserreger können das zwar oft, aber das geschieht immer mal wieder auch ohne menschliche Verschleppung. Es ist vielmehr der menschengemachte Lebensraumschwund, aber sicher nicht die (durchaus unbedachte) Verschleppung der Arten, der das Kernproblem ist.

Auch zeigen die Moose, indem sie sich über Sporen weit verbreiten, dass viele Arten fast immer recht beweglich sind – viel mehr als man gemeinhin dachte. Das gilt auch für viele Pflanzensamen oder Eier von Insekten, die sich naturgemäß ins Gefieder oder Fell weit wandernder Tiere heften, oft auch mit Moosstückchen. Die Meinung, dass ausbreitungsschwächere Lebewesen für immer an eine Region gebunden sind, führt in die Irre. Was heute durch weltweiten Handel verstärkt ist, wurde früher durch immense und weite Tierwanderungen vollzogen, die nun vom Menschen oft unterbunden sind, und schon immer auch durch Winde. In der Atmosphäre umkreisen ganz natürlich, immer mal wieder durch Luftaustausch hoch- oder hinuntergezogen, Milliarden von Bakterien, Viren, Mikroorganismen, Pilzsporen, auch kleine Samen und Moossporen als Aerosole die Erde.[13] Daher können viele Organismen je nach Ereignis auch ganz natürlich überallhin gelangen.

So gibt es viele Moosarten, die in der gesamten Nordhemisphäre vorkommen, andere in der Südhemisphäre. Die Moosfloren Europas und Nordamerikas sind zu 60 Prozent identisch. Das ist durch die Windsysteme der Erde erklärbar, wobei selten ein Austausch über den Äquator besteht. Durch Menschen eingeschleppte, neue Moosarten in Europa stammen meist von der Südhalbkugel, wie das Laubmoos *Orthodontium lineare*. Allerdings verbinden manche Zugvögel die Hemisphären und tragen Moossporen im Gefieder von Nord nach Süd und umgekehrt – Welt verbunden.

Jede natürliche Entwicklung (Sukzession) beginnt ganz klein: Moos wächst in scheinbar lebensfeindlichen Felsspalten, bietet ein Bett für neue Pflanzen, und zusammen bereiten sie Boden für ein lebendiges Miteinander vor (Torrent de Pareis, Mittelmeerinsel Mallorca).

Natürlich gibt es Ausnahmen wie ausbreitungsschwache und natürlicherweise seltenere Moosarten. Manche benötigen sehr spezielle Bedingungen zum Keimen und Wachsen, eine anderswo aufkommende Spore verliert sich. Und auch manche Moosarten können durch andere häufiger werdende Arten, die nicht immer fremd sein müssen, verdrängt werden. Entscheidender, ob es dazu kommt, sind jedoch meist die Intaktheit eines Lebensraumes und seine natürliche Dynamik, zum Beispiel die phasenweise Entstehung von Pionierstadien oder von Altersphasen innerhalb von Wäldern.

Nur selten wird ein eingeschlepptes Moos zum möglichen Problem. Das Laubmoos *Campylopus introflexus* aus der Südhemisphäre besiedelt jetzt in Europa gerne Sandböden. Es macht sich in Dünen der Nordseeküste breit, wo es schöne Rasen bildet, zeitweise allerdings für andere Dünenpflanzen die Keimbedingungen einschränkt. In den Mittelgebirgen ist es auf Silikatböden angekommen: In meinem Naheland überwächst es gerade ein paar geschützte Felsrasen am Stegfels bei Bad Münster. Erfahrungsgemäß darf man annehmen, dass es sich im Laufe der Jahre einnischt und Teil der heimischen Flora wird, ohne andere Arten zum Verschwinden zu bringen.

Mein Plädoyer für Offenheit – entgegen der verbreiteten Problematisierung des Fremden – darf aber nicht als Argument verstanden werden, absichtlich fremde (Moos-)Arten aus anderen Weltgegenden bei sich auszubringen: ein Nein zur aktiven Verfremdung. Aber bitte Differenzierung und zumeist Toleranz bei schon ablaufenden Entwicklungen, auch wenn sie aus menschlichen Fehlern resultieren. Moose erinnern uns daran, wie allseits verbunden unsere Welt ist. Heimisch, fremd? Wir sind eins! Natur kennt keine starren Grenzen, nur offene Übergänge. Moosplätze sind Orte der Toleranz. Genießen Sie das – gerne mit fremden Menschen und neuen Moosen.

Moose im Chor: »Wir machen doch einfach nur Spaß«

Interview 6

Die geheime Methode der Biotranslation, mit der naturverbundene Menschen, Pflanzen und Tiere miteinander sprechen können, nähert sich dem Ende der Testphase. Wie schon am Anfang (s. S. 22) stehe ich vor dem Polster des Mooses *Polytrichum formosum*. Diesmal aber beginnt das Moos das Gespräch.

Polytrichum formosum (PF) *Da bist Du ja wieder. Nun ist das Buch fast zu Ende. Du hast Dich mit uns Moosen unterhalten, mit Bärtierchen geflüstert und mit einer Amsel gestritten. Wir möchten aber nicht immer ausgefragt werden. Deshalb frage ich jetzt Dich: Was hast Du über uns gelernt?*

Michael Altmoos (MA) Sehr viel, was mir sogar als Moosfreund vorher nicht so bewusst war. Je tiefer man forscht, desto mehr erfährt man, wie wenig man bisher wusste. Wie viele Ihr doch seid, und an den kuriosesten Ecken! So robust und stark, und auch verletzlich. Ihr seid gesund für uns Menschen, richtig wichtig.

PF *Hör auf zu schleimen. Warum entfernt Ihr uns denn sogar aus den Pflasterritzen, unseren geheimsten Rückzugsräumen?*

MA Das tut mir sehr leid. Aber ich bin unschuldig. Auch wir Menschen sind viele und sehr verschieden.

PF *Meinst Du, mit dem Wissen aus diesem Buch werden mehr Moosflächen einfach sein gelassen, mehr naturnahe Moosgärten angelegt, wird mehr auf uns Moose geachtet?*

MA Das weiß ich nicht. Ich habe mich stets bemüht.

PF *Genau das hat mein moosernder Chef im letzten Zeugnis auch über mich gesagt. Dann bist Du also kein wirkungsvoller Autor. Du solltest doch mehr Wissen, Motivation und Anleitung in Deine Welt hineingeben. Es muss vieles anders werden, was Moose und Natur betrifft.*

MA Das schon. Aber ich finde es nicht gut, jemanden etwas vorzuschreiben. (In diesem Moment wird Michael Altmoos bewusst, dass neben dem *Polytrichum* noch andere Moose sitzen. Hat er sie nicht selbst mal hierher gebracht? Jedenfalls melden sie sich nun auch zu Wort.)

Schlafmoos *Aaaah (hörbares Gähnen). Guten Morgen. Was, schon so spät? Also, ich hasse es, Euren Feinstaub aus der Luft zu filtern, besonders am frühen Morgen. Mach ich zwar trotzdem – pst, geheim. Aber ich steh halt nicht so auf Eure Drogen. Könnt Ihr das nicht einfach mal sein lassen.*

MA (blickt irritiert auf die grün schattierte Moosschar): Was ist denn jetzt hier los? Ein Anklagetribunal? Mensch Moose, macht keinen Mist. Ich bin doch nur einer von knapp acht Milliarden kleinen Menschen.

Birnmoos *(plustert sich auf, erhebt die Stimme zum Monolog): Aber Du bist mit jedem Menschen auf der Erde eng verwandt. Und jeder kennt jeden auf der Welt über maximal sechs Ecken. Und alle, wirklich alle kommt Ihr aus demselben Nest aus Afrika. Wir Moose kamen einst* *aus dem Meer, dem großen Meer, mit grenzenlosem Horizont. Und wir wandern immer weiter. Letztlich seid Ihr Menschen wie wir alle einfach nur kleine Migranten auf dieser Erde, flüchtend vor dem Tod, stets auf der Suche nach besserem Leben. Als Moospolster sitzen wir zwar scheinbar still da – als Sporen hoch in der Luft können wir aber die ganze Welt umrunden. Natur heißt freie Bewegung und Austausch. Wir reisen zusammen auf demselben Planeten. Aber Horizonte seht Ihr wohl seltener als wir, nicht wahr? Sei mal Spore! Ihr habt kein Recht, uns und andere mit Füßen zu treten. Damit tretet Ihr Euch selbst. Wir sind verbunden auf Leben und Tod. Das ist jetzt unser Abschlusstribunal. Jedes Buch braucht ein Finale.*

MA Damit hab ich jetzt nicht gerechnet, dass mir das Buch am Ende noch entgleiten könnte. Was habt Ihr vor? Und warum so moralisch?

PF *(beruhigend): Keine Panik! Ich als lang gestieltes Moos mit Überblick sag's mal so: Weil wir mindestens hunderttausendmal mehr Moosmasse auf der Erde sind, als Ihr Menschenmasse seid, regen wir uns eigentlich gar nicht auf. Wir binden einfach weiter Euren Kohlenstoff, halten Euch das Wasser vom Leib, machen's sogar sauber. Ach was, nicht nur sauber, sondern rein, ein alter Moos-Werbeslogan. Wir verbessern das Klima, erfreuen Eure Seelen und produzieren Sauerstoff. Atme einfach tief durch. Unsere einzige wirkliche Forderung dafür: Vergiss nie, woher Du kommst, wovon Du abhängst und dass Du mit allem verbunden bist – und auch, worauf Du trittst.*

MA (macht erleichtert einen Schritt vor)

Schlafmoos *Aua, mein Zipfel. Pass auf, Du Riesensporophyt.*

MA Ich dachte, Ihr habt kein Nervensystem und könnt keinen Schmerz empfinden. Daher kann man Euch ja problemlos in Gärten umsetzen. Und mal über Euch laufen, das ist oft sogar gut für Euch, so schreibe ich im Buch mit Überzeugung. Oder was war denn das jetzt?

Birnmoos *Ach, das Schlafmoos blufft doch nur. Wie immer, wenn man es enttarnt hat, diesen Geheimagenten unter den Moosen. Ist halt doch ein Flachmoos, das sich hochschlafen will.*

Schlafmoos *(beleidigter Zwischenruf): Stimmt nicht. Ich moose mich nur hoch – an Bäumen. Ganz anständig.*

Birnmoos *(fährt fort): Aber wir wollen viel mehr Achtsamkeit. Natur braucht den Menschen nicht, Menschen brauchen aber die Natur.*

MA Der Spruch kommt mir bekannt vor, der ist nicht von Euch. Gilt aber wohl auch für Moose: Moose brauchen den Menschen nicht, Menschen aber die Moose. So herum hat das vielleicht noch keiner gesagt. Klingt auch gut und richtig. Was meint Ihr?

PF *Was sind schon Worte, wenn man so lange auf der Erde ist wie wir?*

Birnmoos *(nun feierlich): Jetzt möchte ich unbedingt noch eine Schweigeminute für all die Gefallenen und unnötig zertretenen Moose einlegen. Für die vielen Naturverluste, die oft auch Moosverluste sind, überall durch Rodungen, Säuberungen, Aufräumaktionen, Bauarbeiten. Unsere Lebensräume schwinden, Eure Ignoranz wächst. Schluss damit! Wir betrauern das nun öffentlich. Die Welt liest hier wohl mit. So, nehmt das! (Zuletzt mit trotzigem Tonfall, dann tiefe Stille über dem kleinen Moosplatz, alle Moosstängelchen stehen trotz leichtem Wind scheinbar senkrecht in die Höhe.)*

Nach nur 12 Sekunden:

Schlafmoos *(gähnt gelangweilt): Ich glaub, ich geh jetzt auch mal aussterben.*

Seltenes unbekanntes Moos *(aus dem Hintergrund): Ich bin schon dabei.*

MA Nein! Meint Ihr das ernst? (jetzt flehentlich) Bitte bleibt da, für immer. Wir brauchen Euch, ich brauche Euch. Naturschutz soll doch funktionieren, dafür setze ich mich ein. Ihr seid so schön. Ihr könnt Euch so gut regenerieren, gerne auch in Moosgärten, die wir schaffen, extra für Euch. Ja, ich liebe Euch! Ich liebe Euch von ganzem Herzen!

Moose im Chor *Aaaah! Schöööön! Meeehr! (Ein wohliges Schnurren ist zu hören.)*

Seltenes unbekanntes Moos *(aus dem Hintergrund): Ach, wie kitschig. Die Menschen halt.*

Birnmoos *(ernst und sachlich): Kannst Du das bitte wiederholen? Und können wir das von Deiner Regierung schriftlich haben?*

MA (sprachlos)

PF *(versöhnlich, fast amüsiert): Keine Angst: Wir leben gerne, machen immer weiter. Manche Menschen arbeiten schon gut mit uns zusammen – ein Anfang. Darauf kann man aufbauen. Und wir Moose machen doch einfach mal Spaß.*

MA Na, dann mach ich Euch Moose einfach mal nass. (Neckend und erleichtert, auch weil ihm am Ende doch noch ein Reim – fast – gelungen ist. Wo ist die Gießkanne?)

In diesem Moment erfüllt ein leises Lachen den Moosplatz, das wie von Zauberhand aufsteigt und sich fröhlich verbreitet, die Seiten dieses Buches von hinten nach vorne, von vorne bis hinten sachte durchweht und als Windhauch von hier aus in die Welt hinausgeht. Sie, liebe Leserin, lieber Leser, spüren es jetzt sicher auch. Wie ein sanfter Flügelschlag. Wer freut sich und lacht mit Moosen? Mit ihnen, mit mir, mit allen?

Moos lädt zum Genießen ein. Warum nicht aus einem bemoosten Baumstamm einen Liege-Sitz gestalten, am besten im Moosgarten oder am Rande des Gartens? Hier ein Beispiel aus den Kells Bay Gardens (Co. Kerry, Irland).

Frieden – mit Moos

Moos hat etwas Friedliches. Moose sind sanft und weich. Moosgärten unterstützen Ruhe und Harmonie. Japanische Wandelgärten stehen sogar ganz in der Tradition der Friedensstiftung. Gerne knüpfe ich weltanschaulich neutral daran an und möchte Moosgärten als moderne Friedensgärten sehen, wo Menschen Frieden finden und in Ruhe zusammenkommen. Es überwiegen Kooperation und Symbiosen. Nicht zuletzt ist Naturschutz an sich ein Friedensvorhaben, das selbst nur im friedlichen Miteinander gut funktionieren kann. Moos überwächst sanft jede Grenze und Mauer.

Was aber, wenn wir Menschen es blöde vermasseln? Was, wenn die Wahnsinnigen gewinnen, die Menschlichkeit verliert? Nach einem großen Krieg bliebe nicht viel übrig. Einige Organismen aber würden sogar Atomkriege überleben. Darunter Moose. Viele Moosarten ertragen radioaktive Strahlung. Die Bärtierchen in ihnen sind sogar diejenigen Lebewesen auf der Welt, welche nach heutigem Wissen die höchste radioaktive Strahlung ohne Schäden ertragen können. Und nicht nur das: Moose können Radionuklide aus der Umgebung filtern und in sich anreichern, ohne selbst Schaden zu nehmen. Damit stehen sie am Anfang jeder Regeneration. Anfangen können Moose schließlich besonders gut, wenn es sonst öde und leer ist, wie schon einmal vor über 500 Millionen Jahren. Jedes Moos ist ein Beginn. Evolution und Zukunft gäbe es dann sicher auch – zufallsgesteuert in neue Richtungen.

Jammerschade, dass es dann aber kaum mehr Menschen gäbe, die sich am Moos erfreuen. Keine Kinder, die es sanft berühren und weich berührt werden. Keine Menschen, die es sammeln und Gärten kreativ mit ihm gestalten. Keine Liebenden, die sich hineinfallen lassen, tief ins gute, weiche, grüne Moos. Tun wir bitte unser Bestes, damit es nie so weit kommt: Spenden wir Frieden, auch mit Moos – ein jeder auf seine Art. Moose und Menschen passen doch so schön zusammen.

Als Naturschützer und Moosgärtner engagiere ich mich für eine friedliche Zukunft, wo ich nur kann. Naturschutz, Menschlichkeit und Frieden sind eng miteinander verflochten. Kraft dafür hole ich mir aus dem Moosgarten. Es gibt nicht viele bessere Plätze dafür. Und als Moosträumer bin ich hoffentlich nicht mehr allein.

Das Allerletzte: Moos beseitigen?

Nein, dazu gebe ich hier bewusst keine Anleitung. Im Internet gibt es unter diesen Stichworten Tausende von Tipps: Chemikalien, Schrubben und so viel mehr. Den Rasen vertikutieren, um Moos zu beseitigen? Wer dieses Buch gelesen hat und nun etwas moosverliebt ist, also vernünftig wurde, würde so etwas nie tun – nie wieder.

Für diejenigen, die es doch tun wollen, muss ich ganz frech sagen: Sie haben keine Chance! Mögen Sie Ihr Moos auch entfernen, über die Sporen in der Luft wird es immer wieder zurückkommen, Sie selbst aber irgendwann nicht mehr. Moos ist daher stärker als Menschen. Stellen Sie sich gut mit ihm, oder wer ist letztlich das Opfer?

Na ja, fast alles hat eine Ausnahme. Manche Moose wachsen auf Treppen, auf Gehwegen, auf Rampen. Und manchmal gerade dort, wo auch motorisch eingeschränkte Menschen laufen müssen. Darauf kann man ausrutschen und sich verletzen. Ich weiß, wovon ich rede (s. S. 17). Auf zentralen Trittflächen, die geneigt sind, würde ich es entfernen, aber nur dort. Natürlich ohne Chemie. Mechanische Schrubberkraft reicht aus. So säubere ich alle zwei Jahre einmal unsere Treppenaufgänge von Moos. Schmerzverzerrt, aber wohl vernünftig und mit Anstrengung: fieser Sport.

Als Versöhnung auch auf Trittflächen empfehle ich Kompromisse: Denn die nicht begehbaren Stellstufen oder die kaum betretbaren Treppenränder können mit Moos bewachsen bleiben, ohne dass dies die Sicherheit der Gehenden beeinträchtigt. Damit sehen Treppen übrigens wunderschön aus. Manche Moose sind außerdem gar nicht rutschig, und mit ihnen können Treppen durchaus bewachsen sein. Testen Sie selbst, bevor Sie unnötig entfernen. Bei mir im Museum habe ich eine kleine betonierte, ebene Sitzfläche ganz mit Moos bewachsen lassen. Bei Nässe gibt es Schilder, die auf Rutschgefahr hinweisen. Diesen wunderbaren naturgrünen Teppich zu beseitigen, würde mir nie in den Sinn kommen. Warum auch? Kaum Gefahr, aber viel Schönheit. Lediglich beim Aufstieg dorthin gilt: vorsichtig gehen, Sicherheit zuerst.

Auch Ritzen in Wegen können mit Moos bewachsen sein, anstatt wie so häufig herausgekratzt zu werden. Dann bilden Moose schöne Muster und können ihre wundervolle ökologische Funktion entfalten – wenigstens im Kleinen, manchmal nur symbolisch, immer aber voller Leben und Zukunft.

Ehren wir die Moose überall, wo es geht: Sie verdienen es. Und liebe Menschen haben Moose verdient. Für Euch, Freunde!

FAQ – eine Zusammenfassung für Moosfreunde und Moosgärtner

Warum Moos?

Moos ist für uns Menschen schön, beruhigend, faszinierend, macht wenig Arbeit – und es ist gesund, weil es Wasser zurückhält, Luft und Kleinklima verbessert. Es ist wertvoller Kleinlebensraum. Mit Moos fing in der Erdgeschichte das Landleben an – mit Moos beginnt gutes Leben immer neu! Moose in der Natur zu beobachten, ist ein Erlebnis, und mit Moosen im Garten zu gestalten, eine gute Tat mit viel Gefühl, auch für Naturschutz.

Wo lege ich bei mir am besten einen Moosgarten an?

Freie Platzwahl, viele Möglichkeiten! Am besten aber an luftfeuchten Stellen, beschatteten Bereichen, unter Bäumen. Weil das am einfachsten ist und es dafür robuste heimische Moose gibt.

Woher bekomme ich Moose?

Zunächst in der umgebenden Landschaft Moose suchen, samt etwas Untergrund abtragen – aber nie zu viel Moose auf einmal –, und das von Stellen, die ungefähr Ihrem Zielort ähneln. Am besten von dort, wo Moose ohnehin entfernt würden, oder am Rande von Wegen. Nie aus Naturschutzgebieten oder Mooren.

Wie setze ich die Moose in meinen Garten?

Ganz einfach: Oberfläche des vorhandenen Bodens leicht abtragen. Zuvor gesammelte Moose mit ihrem mitgesammelten Untergrund andrücken. Schon fertig.

Kann Moos von selbst kommen?

Natürlich! Das ist immer ein guter Weg, den man zulassen sollte. Einfach den offenen Boden feucht halten, vielleicht etwas verdichten, und warten. Oder schon moosreiche Stellen im Garten von anderem Bewuchs freistellen: Aus moosreichem Rasen wird so ein schöner Moosteppich.

Ist zusätzliche Erde oder ein Substrat als Unterbau nötig?

Für einen naturnahen Moosgarten, wie er hier im Buch im Mittelpunkt steht, ist es ratsam, ohne Unterbau und Bodeneintrag zu arbeiten – und billiger.

Kann Moos gekauft werden?

Ja, einen kleinen, aber wachsenden Markt gibt es dafür. Es gibt Moosmatten ähnlich eines Rollrasens. Empfehlenswert ist das, wenn größere Flächen auf einmal und schnell moosbedeckt werden sollen.

Darf ich Moos betreten?

Gerade in der Anwachszeit ist es sogar gut, wenn das Moos immer wieder sanft betreten wird, weil das den Bodenkontakt festigt.

Wie pflege ich einen Moosgarten?

Ein naturnaher Moosgarten ist recht robust und pflegeleicht. Wenn die Moospolster dicht aneinander liegen, kommt wenig anderer Aufwuchs durch. Und der kann in drei bis vier Durchgängen pro Jahr einfach sanft rausgezogen werden. Manch schöne Farne oder Blümchen können aber auch bleiben. Nach Ende des Laubfalles sollten die gefallenen Blätter überwiegend entfernt werden (ohne Laubsauger, keine Netze!), ein paar Blätter aber bitte für Kleintiere im Moos belassen.

Muss ich die Moose wässern?

Standortgerechtes Moos verträgt wochenlange Austrocknung. Nur am Anfang kann das Anwachsen durch Gießen mit Regenwasser gut unterstützt werden.

Können Moose den Garten überwuchern?

Nein! Sporen von Moos sind zwar überall in der Luft. Aber es keimt und wächst nur dort, wo es für Moos geeignet und konkurrenzarm ist. Sie können ein Moosfeld auf flachgründigem Boden sogar problemlos in ein Gartenbeet integrieren, ohne Moosinvasionen befürchten zu müssen.

Fördert Moos unerwünschte Schimmel oder Pilzbildung im Garten?

Zwischen Schimmelpilzen und Moosen gibt es keinen Zusammenhang. Moose haben sogar Abwehrstoffe gegen sie in sich, die teils medizinisch genutzt werden. Ist ein Pilz im Moos, ist das meist ein Pilz, der an organischem Material wie Holz ansetzt, das sich vielleicht auch im Moos befindet. Und der macht nichts, ist sogar schön und wichtig.

Gibt es auch Baummoose? Wie hole ich die in den Garten?

Solche epiphytischen Moose, also auf Pflanzen aufsitzende Moose, sind in Artenzahl und Häufigkeit sogar zahlreicher als die »Erdmoose«. Moose von Bäumen und Rinden abzutrennen, funktioniert meist nicht und kann Bäume schädigen. Besser ist es, heimische Bäume in Ihrem Garten zu erhalten, zu pflanzen und alt werden zu lassen. Dann kommen Moose von alleine.

Machen zu viele Moose den Baum kaputt? Sind da Parasiten dabei?

Nein! Moos ernährt sich nie von dem Material des Untergrundes. Es bildet mit Bäumen sogar eine Art Symbiose, beide profitieren.

Gibt es auch spezielle Moose auf Stein?

Ja, analog den Epiphyten. So können und sollten Sie Steine aus der Umgebung in Ihren Moosgarten holen und selbst bemoosen lassen. Das sind zudem schöne, aufwertende Strukturen.

Warum ist all das so?
Was muss ich noch beachten, wie kann ich gut variieren und gestalten?

Dafür gibt es dieses Buch. Moose mögen Leserinnen und Leser! Auf geht's zum Entdecken …

Der Autor

Michael Altmoos, 1967 in Mannheim geboren, ist Naturschützer und Ökologe. Nach Studium in Mainz und Marburg (Naturschutzbiologie, Diplom 1994) sowie Promotion in Leipzig (Dr. rer. nat. in Geografie, 1999) kombinierte er in verschiedenen Teams und Projekten Forschung, Praxisumsetzung und Bildung zu einem Naturschutz mit Querblick auch über enge Fachgrenzen hinaus.

Am Umweltforschungszentrum Leipzig arbeitete er zu Renaturierungen in Braunkohlelandschaften Ostdeutschlands und entwickelte mit weltweitem Blick Konzepte für Schutzgebietsnetze. Quer durch Europa untersuchte Michael Altmoos verschiedene Lebensräume, Landschaften und Wildnis, forschte zu Schmetterlingen, Heuschrecken und Schnecken, kartierte Vögel im Wattenmeer und in Wäldern. Er konzipierte systemischen Artenschutz im Biosphärenreservat Rhön, kooperierte mit Landnutzern.

Im behördlichen Naturschutz arbeitete er besonders zum europäischen Netz NATURA 2000 am Bundesamt für Naturschutz, lange im Landesamt für Umwelt Rheinland-Pfalz (2002 bis 2020) und ist seit 2020 im Saarländischen Umweltministerium (Zentrum für Biodokumentation) tätig. Zu Naturschutzthemen hat er zahlreiche Fachartikel veröffentlicht.

Sein Herz schlägt besonders für dynamische Sichtweisen und neue Wildnis, natürlich mit Moos: »Natur braucht den Menschen nicht, Menschen aber die Natur« ist einer seiner Leitgedanken mit Folgen: »Naturschutz ist tiefe Menschlichkeit, soll damit auch Frieden stiften und Spaß machen, für eine Kultur des achtsamen Miteinanders.« In diesem Sinne kombiniert er seit Jahren Wissenschaft und Bildung mit kreativen und gefühlvollen Ansätzen in eigenem Stil. Auf all dem aufbauend, gründete er 2012 mit seiner Familie »Nahe der Natur – Mitmach-Museum für Naturschutz« in Staudernheim mit Naturgelände. Darin legte er auch einen großen Moosgarten an.

Zum Moos kam Michael Altmoos schon als Kind, zunächst in Hinterhöfen und Spielräumen Mannheims, später immer bewusster an schönen moosreichen Plätzen in aller Welt. Nach und nach entwickelte er sich zum »Moosgärtner«. Gerne regt er zum Denken und Gestalten in Freiheit an, hier nun mit Moos.

Im pala-verlag ist von Michael Altmoos außerdem folgendes Buch erschienen:

- **Besonders: Schmetterlinge**
  Kreativer Schmetterlingsschutz für Landschaft und Garten

Michael Altmoos hält es mit den Worten von John Muir,
eine seiner Inspirationsquellen:

Solange ich lebe, werde ich Wasserfälle,
Vögel und Winde singen hören.
Ich werde die Felsen erklären,
die Sprache von Flut, Sturm und Lawine erlernen.
Ich werde Bekanntschaft schließen
mit Gletschern und wilden Blumengärten
und so nahe zum Herzen der Welt vordringen,
wie ich nur kann.

»Und das Herz der Welt ist auch tief im Moos zu finden, alles hängt zusammen«, wie er hinzufügt.

Weitere Informationen:
Nahe der Natur – Mitmach-Museum für Naturschutz:
www.nahe-natur.com

Anhang

Quellen

Seite 15: Siegfried von Vegesack (1888–1974)
Aus: Seine schönsten Gedichte, Morsak Verlag, Grafenau

Seite 32: George Schenk, Moss Gardening
Zitat aus dem Amerikanischen übersetzt von Michael Altmoos

Seite 54: Franz Kafka
Aus: Max Brod, Franz Kafka, Eine Freundschaft. Briefwechsel, S. Fischer Verlag

Seite 71: Robin Wall Kimmerer, Gathering Moss
Zitat aus dem Amerikanischen übersetzt von Michael Altmoos

Seite 85: Annie Martin, The magical world of Moss Gardening
Zitat aus dem Amerikanischen übersetzt von Michael Altmoos

Seite 101: Hisako Fujii, Mosses, my dear friends
Zitat aus dem Englischen übersetzt von Michael Altmoos

Seite 157: George Schenk, Moss Gardening
Zitat aus dem Amerikanischen übersetzt von Michael Altmoos

Fußnoten

In dieses Buch flossen vielfältige Literatur und eigenes Wissen ein. Für bessere Lesbarkeit wurde weitgehend auf Zitate verzichtet, alle wissenschaftlichen Quellen sind jedoch beim Autor erhältlich. Nur bei ganz besonderen Aussagen wird die spezielle Quelle angegeben:

1) S. 21: Jacobs, Stefan: »Mooswände helfen nicht gegen Feinstaub«,
in: Der Tagesspiegel 9.7.2018

2) S. 45: Whitaker, Dwight L. & Joan Edwards:
»Sphagnum Moss Disperses Spores with Vortex Rings«, in: Science 329/5990 23.7.2010 S. 406ff

3) S. 34: Morris, J. L., Puttick, M. N., Clark, J. W., Edwards, D., Kenrick, P., Pressel, S., Wellmane, C. H., Yang, Z., Schneider, H. & P. C. J. Donoghue:
»The timescale of early land plant evolution«, in: PNAS – Proceedings of the National Academy of Science of the United States of America 115/10 6.3.2018

4) S. 51: Chicca, A., Schafroth, M. A., Reynoso-Moreno, I., Erni, R., Petrucci, V., Carreira, E. M. & J. Gertsch: »Uncovering the psychoactivity of a cannabinoid from liverworts associated with a legal high«, in: Science Advances 4/10 24.10.2018

5) S. 56: Hiltbrunner, Erika & Christian Körner: Hotspot Furka. Biologische Vielfalt im Gebirge. Alpine Forschungs- und Ausbildungsstation Furka und Universität Basel 2018

6) S. 61: Caspari, Steffen: Moosflora und Moosvegetation auf Gestein im Saar-Nahe-Bergland. Dissertation, Universität des Saarlandes 2004

7) S. 71: Wiede, Jochen: Fernöstliche Gartenkultur. Matrix Verlag 2018

8) S. 74: Sterl, Ina: »Der Geist des Ortes«, in: Frankfurter Allgemeine Zeitung 21.08.2018

9) S. 76, S. 87: Frahm, Jan-Peter: Mit Moosen begrünen. Weissdorn-Verlag 4. Auflage 2014

10) S. 112: Düll, Ruprecht & Barbara Düll-Wunder: Moose einfach und sicher bestimmen. Quelle & Meyer Verlag 2012

11) S. 154: Roads, E., Longton, R., E. & P. Convey: »Millennial timescale regeneration in a moss from Antarctica«, in: Current Biology 24/6 17.3.2014 S. 222f

12) S. 183: Zak, D., Goldhammer, T., Alavaro, C., Gelbrecht, J., Gurke, R., Wagner, C., Reuter, H., Augustin, J., Klimkowska, A. & R. McInnes: »Top soil removal reduces water pollution from phosphorus and dissolved organic matter and lowers methane emissions from rewetted peatlands«, in: Journal of Applied Ecology 55/1 28.4.2017 S. 311-320

13) S. 184: Reche, I., D'Orta, G., Mladenov, N., Winget, D. M. & C. A. Suttle: »Deposition rates of viruses and bacteria above the atmospheric boundary layer«, in: The ISME Journal 12 29.1.2018 S. 1154-1162

Empfehlenswerte Bücher zum Weiterlesen

Moose im Garten

- Frahm, Jan-Peter: Mit Moosen begrünen. Gärten, Dächer, Mauern, Terrarien, Aquarien, Straßenränder – eine Anleitung zur Kultur. Weissdorn-Verlag 4. Auflage 2014
  Zu seiner Zeit (2011) hervorragende erste deutschsprachige Zusammenstellung von Moosgarten-Tipps von einem der besten deutschen Mooskenner, der leider viel zu früh verstarb. Vieles ist immer noch aktuell.
- Martin, Annie: The magical world of Moss Gardening. Timber Press 2015
  Wunderbar bebilderte und motivierende englischsprachige Anleitung zum Moosgärtnern, vor allem für nordamerikanische Verhältnisse hinsichtlich Klima und Vegetation.
- Schenk, George: Moss gardening. Including Lichens, Liverworts, and Other Miniatures. Timber Press 1997
  Der Klassiker: textreiches englischsprachiges Pionierwerk.
- Hess, Wolfgang: Geheimnisse japanischer Gartenkunst. Buschfeuer Verlag 2016
  Viele Bücher zu japanischen Gärten erwähnen Moos. Als Auswahl hier das Werk von Wolfang Hess, der seit Langem gekonnt mit Moos im Stile des Zen-Buddhismus gestaltet.
- Nordström, Ulrica: Moss. Discover, Gather, Grow. Countryman Press 2019
  Reich bebilderter internationaler Kurzüberblick und manche Gestaltungsidee.

Moos-Wissen

- Frahm, Jan-Peter: Moose. Eine Einführung. Weissdorn-Verlag 2006
  Immer noch gute und aktuelle Einführung in die faszinierende Welt der Moose. Ein Brückenschlag aus der Wissenschaft für alle Moosfaszinierten.

- Kimmerer, Robin Wall: Gathering Moss. A Natural and Cultural History of Mosses. Oregon State University Press 2003. Reprint als Taschenbuch 2021 (Penguin Random House)
  Ungewöhnliche Blickwinkel auf Moose, sogar Moos-Philosophie, englischsprachig.

Moos-Bestimmungsliteratur

Drei Tipps für den ambitionierten Einsteiger, auch profigeeignet:

- Wirth, Volkmar, Düll, Ruprecht & Steffen Caspari: Ulmers Taschenatlas Flechten und Moose. 290 Arten schnell erkennen. Verlag Eugen Ulmer 2018
- Düll, Ruprecht & Barbara Düll-Wunder: Moose einfach und sicher bestimmen. Quelle & Meyer Verlag 2012
- Bildatlas der Moose Deutschlands von Michael Lüth: www.bildatlas-moose.de

Bryologie und Moos-Naturschutz

BLAM – Bryologisch-lichenologische Arbeitsgemeinschaft für Mitteleuropa e. V.
www.blam-bl.de
Informationen zu Moosen, Austausch und weiterführende Literatur, Forschungsthemen sowie Möglichkeiten zur Bestimmung und Vertiefung zu europäischen Moosen.

Aktuelle Moos-Verbreitungsübersichten und Checkliste

- Deutschland: www.moose-deutschland.de
- Schweiz: www.swissbryophytes.ch
- Österreich: cvl.univie.ac.at/projekte/moose

Adressen und Bezugsquellen

Moosmatten für Böden und Dächer, Kunst und Installationen

Kleiner Markt in Bewegung: Folgende Adressen wurden für den mitteleuropäischen Raum nach bestem Wissen und Gewissen ohne Wertung als grundsätzlich geeignet recherchiert.

Siemsen & Lasak Vegetationssysteme GbR
Schumannstraße 6
27753 Delmenhorst
www.veg-sys.de
Erstentwickler, Hersteller und selbstständiger Vertrieb, vormals für Firma Strodthoff & Behrens und Firma Xero Flor

Niedersächsische Rasenkulturen
NIRA GmbH & Co. KG
Annen Nr. 3
27243 Groß Ippener
www.ni-ra.de
Vertrieb von Moosmatten, teils in Kooperation mit Siemsen & Lasak

Vertiko GmbH
Gewerbestraße 3
79256 Buchenbach
www.vertiko-gmbh.de
Moosmatten, Mooswände und Vertikalinstallationen

Wohnungsgenossenschaft Gartenheim eG
Moosmaschine
Hildesheimer Straße 142
30173 Hannover
www.gartenheim.de
spezielle Vertikalwände mit Moos im Freiland

Green City Solutions GmbH
Fernstraße 27
15741 Bestensee
www.greencitysolutions.de
spezielle Mooswände in Städten

Sphagnum-Shop
Gerd Adolph
Waldsiedlung 18
82054 Sauerlach
www.sphagnum-shop.com
Torfmoose aus legalem und nachhaltigem Anbau für kleine Flächen

Begrünungen Hunn AG
Pilatusstrasse 14
5630 Muri, Schweiz
www.begruenungen-hunn.ch

Bryoflor
54 Boulevard de Grenelle
75015 Paris, Frankreich
www.bryoflor.com

Spezialfall Innenräume

Für Innenwände mit Moos und Moosdekoration gibt es viele Anbieter. Achtung: meist tote und eingefärbte Moose. Nutzen Sie die Suchmaschine Ihres Vertrauens! Eine Auswahl:

- Hydrokultur-Design GmbH, Leer: www.moos-design.de
- Freund GmbH, Berlin: www.freundgmbh.com
- hydroflora GmbH, Neu-Isenburg: www.hydroflora.de
- styleGREEN, Höhenkirchen: www.stylegreen.de
- Udo Franzen, Westerstede: www.moospaneele.de

Moosgarten-Beratung, Gartenanlage und Gestaltung

Nahe der Natur – Mitmach-Museum für Naturschutz, Michael Altmoos
Schulstraße 47
55568 Staudernheim
www.nahe-natur.com

Museum, Freiraum und Gestaltungsbetrieb für Gärten und Parks, besonders für naturnahe Moosgärten aller Art, Planung und Umsetzung

Speziell für japanische (Moos-)Gärten:

- **Dr. Wolfgang Hess,** Liebenau: www.japan-garten-kultur.de
- **Heiko Voß,** Kooperationspartner von Dr. Wolfgang Hess, Liebenau: www.kokeniwa.de
- **Karsten Horn,** DerAndereGarten, Dormitz: www.deranderegarten.de

Kunst-Events im Moos

Mara Schwarzkopf
Steinhardter Straße 20
55566 Bad Sobernheim
mara333.info

Pädagogin für Erleben, Kunst und Tanz, Tanzworkshops speziell auch auf Moosflächen

Das Sprechzimmer
Jahngasse 5
55545 Bad Kreuznach
www.sprechzimmer-kreuznach.de

Stefanie Kleidt (www.spricht-frisch.de), Wolfgang Wobéto, Thomas Donahue: erprobte Schauspieler und Sprecher für Lesungen und Auftritte in Moosgärten

Moosgärten zum Besuchen

Hier angeführt die wenigen öffentlich zugänglichen – teils nur mit Voranmeldung – Moosgärten in Mitteleuropa, ohne private Gärten. Sollten Moosgärten fehlen, freuen wir uns über Benachrichtigung an den Autor: info@nahe-natur.com

- Zenkloster Liebenau, Schloss Eickhof, 31618 Liebenau
  www.zenkloster-in-liebenau.de/Moosgarten
  kein öffentlicher Zugang, aber Seminarangebot, langjährige Erfahrung durch Dr. Wolfgang Hess, Moosfläche insgesamt fast 1000 m², der größte rein japanische Moosgarten in Deutschland
- Japanischer Garten Kaiserslautern e. V., Am Abendsberg 1, 67657 Kaiserslautern
  www.japanischergarten.de
  großer japanischer Garten, aber ohne viel Moos
- Natur-Moosgarten: Moosgarten »Nahe der Natur« in Staudernheim, Teil des Naturschutz-Museums und Modellfreiraum des Autors
  www.nahe-natur.com/Moosgarten
  Moosgarten mit etwas mehr als 1000 m² Fläche plus angrenzende moosreiche, wilde Flächen

- Der kleine »Kristall-Moosgarten«: Wolfgang Hahl, Vogelhof 2, 89584 Ehingen erdenhueter-kristalle.de
  kein öffentlicher Zugang, aber Seminarangebot, spirituell angehauchter Moosgartenansatz
- Mini-Moosgarten als symbolische »Quelle des Glücks«:
  Schloss Dennenlohe, Dennenlohe 1, 91743 Unterschwaningen, www.dennenlohe.de
  Glücks-Moosgarten im großen Landschaftspark als Teil des »GlücksLehrpfades«
- Kleiner »Moosgarten« im botanischen Garten:
  Botanischer Garten und Botanisches Museum Berlin (BGBM),
  Königin-Luise-Straße 6–8, 14195 Berlin, www.bgbm.org
  Moosgarten innerhalb des botanischen Gartens, allerdings ohne zusammenhängende Moosfläche, sondern Präsentation von Moosen aus aller Welt
- »Moospfad« im botanischen Garten:
  Botanischer Garten der Universität Tübingen, Auf der Morgenstelle, 72076 Tübingen
- »Moospfad« im botanischen Garten:
  Botanischer Garten der Technischen Universität Darmstadt,
  Schnittspahnstraße 5, 64287 Darmstadt
  In vielen botanischen Gärten und Parks werden immer wieder auch Moose in Szene gesetzt, ohne dass ein »Moosgarten« im eigentlichen Sinne besteht.
- Natur-Moospfad: Der erste und bisher einzige spezielle Mooserlebnispfad in Natur in Deutschland liegt am Teutoburger Wald. Startpunkt des 3,8 km langen Rundweges: Wanderparkplatz Haus Ascheloh am Hengeberg bei Halle / Westfalen
  viele frei wachsende Moosarten und Hintergründe werden auf Tafeln erläutert

Moosgärten außerhalb Deutschlands – eine persönliche Auswahl

- Blarney Castel, Blarney, County Cork, Irland: www.blarneycastle.ie/pages/moosgarten
  mit zwei Wasserfällen, Moosgarten in (fast) prähistorisch anmutender Gartenlandschaft
- The Ewe Exerience, Glengarriff, County Cork, Irland: www.theewe.com
  Natur-Skulpturen-Gelände mit vielen moosreichen Aspekten
- Royal Botanic Garden Edinburg, Schottland: www.rbge.org.uk
  Moosbestände, auch im Farnhaus
- The Lost Gardens of Heligan, Cornwall: www.heligan.com
  moosreiche Bestände
- Botaniska, Botanischer Garten Göteborg, Schweden: www.botaniska.se
  einer der größten botanischen Gärten Nordeuropas, enthält große Moosflächen, generell finden sich in ganz Nordeuropa in der Natur gigantische Moosflächen und moosreiche Wälder – das große Moosparadies
- Garten der Villa d'Este, Tivoli, Italien: www.villadestetivoli.info
  mit der Allee der hundert Brunnen und grandiosen Mooswänden
- Bloedel Reserve, Washington State, USA: www.bloedelreserve.org
  der flächengrößte Moosgarten der Welt mit etwa 8000 m² angelegter Moosfläche
- Saihō-ji (Koke-dera, Moostempel), Kyoto, Japan: www.saihoji-kokedera.com
  der Berühmteste der Welt: »Mutter der (japanischen) Moosgärten« in Kyoto, viele weitere Gärten mit Moos in ganz Japan, dem Land der Moosgärten

Register

Artenvielfalt im Garten

Ulrike Aufderheide:
Tiere pflanzen
ISBN: 978-3-89566-388-8

Michael Altmoos:
Besonders: Schmetterlinge
ISBN: 978-3-89566-408-3

Sigrid Tinz:
Haufenweise Lebensräume
ISBN: 978-3-89566-389-5

Brigitte Kleinod, Friedhelm Strickler:
Schön wild!
ISBN: 978-3-89566-367-3

Wildbienen und Vögel im Garten

Uwe Westphal:
Das große Buch der Gartenvögel
ISBN: 978-3-89566-375-8

Werner David:
Fertig zum Einzug: Nisthilfen für Wildbienen
ISBN: 978-3-89566-358-1

Uwe Westphal:
Mehr Platz für den Spatz!
ISBN: 978-3-89566-353-6

Wolf Richard Günzel:
Das Insektenhotel
ISBN: 978-3-89566-385-7

ISBN: 978-3-89566-387-1

2. Auflage 2021
Am Molkenbrunnen 4, 64287 Darmstadt
www.pala-verlag.de

Bildnachweis:
Seiten 8, 54, 126, 152, 164, 166, 169, 170: Konrad Funk
Seiten 11, 14: Dirk Funhoff
Seite 29: Harald Karl
Seiten 46 (oben), 95, 136, 138: Sigrid Tinz
Seite 52: Anna Caspari
Seite 58: Michael Feldmann
Seiten 72, 76: Wolfgang Hess
Seite 75: Anescha Tiesbohnenkamp
Seite 79: magicbone, 123rf.com
Seite 92 (unten): Heike Wefing-Lude
Seite 105, 109, 195: Ursula Altmoos
Seiten 111, 113 (oben), 115 (oben), 117, 118, 119, 120 (oben), 121 (oben), 122, 123, 125, 137: Michael Lüth
Seite 147: Stefan Huwiler/imageBROKER, arco-images.de
Seite 162: Mara Schwarzkopf
Seite 174: Peter van der Veen/NIS/Minden Pictures, arco-images.de
alle anderen Fotos: Michael Altmoos
Umschlagfotos vorne: Michael Altmoos *(oben: Moosgarten Staudernheim, unten rechts: Steinpicker-Schnecke),* Sigrid Tinz *(unten links: Moos-Detailstudie),* Peter van der Veen/NIS/Minden Pictures, arco-images.de *(unten Mitte: Haubenmeise)*
Umschlagfoto hinten: Ursula Altmoos

Illustrationen: Margret Schneevoigt
Lektorat und Gestaltung: Angelika Eckstein

Druck und Bindung: Beltz Grafische Betriebe GmbH, Bad Langensalza
www.beltz-grafische-betriebe.de
Printed in Germany

Gedruckt auf
100% Recyclingpapier